D1719523

Die ungewöhnlichen Briefe von
Fritz

Gedanken der Hoffnung

Fritz Kury, 1960 – 2009

Die ungewöhnlichen Briefe von

Fritz

Botschaften aus der geistigen Welt
April 2010 bis Januar 2019

1. Auflage 2019

ISBN: 9783749437092

Die deutsche Nationalbibliothek verzeichnet diese
Publikation in der deutschen Nationalbibliografie;
detaillierte bibliografische Daten sind im Internet über
www.dnb.de abrufbar.

Buchgestaltung und Cover: Ruth Veres
Fotos: Annemarie Kury, Günther Andexlinger, Sebastian Loziczky

Herstellung und Verlag: BoD – Books on Demand, Norderstedt
Made in Germany

Inhalt

Vorwort

Botschaft von Fritz am 30. Mai 2018

Ich bin mir nicht ganz sicher, ob unsere Kommunikation auf diese Art und Weise noch in den „Bereich des Normalen" oder bereits unter „obskur" zu finden ist. Gesucht wird sie auf jeden Fall mit Akribie und Begeisterung – du wirst ja „dein Buch" noch erleben.

Meine Hoffnung ist – sofern in meinem Zustand und in meiner Welt mit dem Begriff der Hoffnung noch umgegangen wird – dass es dir Freude machen wird, all unsere „geistigen Gespräche" gedruckt, gebunden und verkaufsfertig in Händen zu halten. Wie ich dich zu kennen glaube, ist der Ausdruck „verkaufsfertig" für dich nicht relevant. Du würdest – oder wirst unser gemeinsames Buch mit Begeisterung verschenken. Deine Worte: Jeder soll es wissen, wie nah uns unsere „Toten" sind. Wie wenig „tot" sie sind, wie sehr sie uns helfen können, wie sehr wir ihnen helfen dürfen. Wie einfach es doch ist, diesen Trost annehmen zu können, damit der Schmerz des Verlustes nicht so sehr spürbar ist. Und wie gut, dass noch so viele Probleme geklärt und am Ende sogar noch gelöst werden können. Ja, meine geliebte Freundin. Du hast es richtig erkannt. Der Tod ist nichts zum Fürchten. Er ist auch ein Anlass, um mit sich selbst ins Reine zu kommen. Und, ja, es gibt ein Wiedersehen mit den geliebten Menschen, auch wenn sie bereits von uns gegangen sind.

Ich selbst möchte noch hinzufügen: Auch für mich war es ein Bedürfnis, dir und – wenn du es für richtig hältst

– der ganzen Welt die Umstände und die Gründe für mein plötzliches, unerwartetes Ableben zu erklären. Dass du den Mut hattest, dies alles zuzulassen, nicht zu hinterfragen, ob es sinnvoll ist – das kann ich nur durch deine Liebe als Mutter erkennen. Dafür danke ich dir mit allem, was mir zur Verfügung steht:

Mit LIEBE, FREUDE, FRIEDE für alle Ewigkeit.
Dein Fritz

PS: Ich hoffe, dass du die obigen Zeilen – meine Worte – als Vorwort für dein Buch nimmst. Ich denke, sie sagen mehr als du erwartest.

Vorwort von Dr. Arnold Mettnitzer

Immer wieder – als Fritz noch lebte – erzählte mir Annemarie, wie schlimm es für sie wäre, würde ihr ältester Sohn vor ihr sterben müssen. Es klang für mich wie eine dunkle Vorahnung, die ich ihr nicht zu nehmen vermochte. Und als sie dann am 12. Mai 2009 weinend vor mir stand, sah ich zwar ihren Schmerz, konnte aber als kinderloser Mann die Abgründe nicht erahnen, in die ein solcher Schicksalsschlag eine Mutter zu stürzen vermag. Unweigerlich dachte ich dabei an Mascha Kaleko, die große Lyrikerin des vergangenen Jahrhunderts, die mehr als zwei Jahrzehnte vor dem Tod ihres Sohnes voll dunkler Ahnung 1944 in ihrem Gedicht „Memento" schreibt:

Vor meinem eigenen Tod ist mir nicht bang,
nur vor dem Tode derer, die mir nah sind.
Wie soll ich leben,
wenn sie nicht mehr da sind?

Und sie schließt ihr Gedicht mit den Zeilen:

Den eigenen Tod, den stirbt man nur,
doch mit dem Tod der anderen
muss man leben.

Annemarie hat in ihrer ganz besonderen und unverwechselbaren Art gelernt, mit dem Tod ihres Sohnes Fritz zu leben. Mittlerweile sind zehn Jahre vergangen. Und jetzt halten wir mit diesem Buch Briefe von Fritz in Händen, die dieser in diesen Jahren seiner Mutter geschrieben hat. Dass das ungewöhnlich ist, muss hier nicht besonders betont werden. Wohl aber, dass das für die Mutter nicht nur nicht ungewöhnlich, sondern geradezu im besten Sinne des Wortes zu ihrem Alltag, zu ihrer „Überlebensgewohnheit" geworden ist. Dass sie uns daran teilhaben lässt, diese ihre Erfahrungen jetzt zur Verfügung stellt, mag Vernünftigen unsinnig, Skeptikern unmöglich, Stolzen lächerlich, Vorsichtigen leichtsinnig, Erfahrenen unmöglich und Ängstlichen als mutig erscheinen.

Wer Annemarie Kury kennt, weiß, dass sie sich davon nicht abhalten lässt, ihrer innersten Stimme zu folgen und das zu tun, was ihr das Herz diktiert. Ich danke ihr für das Zeugnis einer Liebe zwischen Mutter und Sohn, verdichtet im paradoxen Dialog zweier Menschen, die füreinander eine Sprache finden, die über den Tod hinaus nicht nur Verwunderung stiftet, sondern Wunder zu wirken vermag. Dass hier Zeit und Ewigkeit aufeinander verweisen und beide als die zwei Seiten einer Wirklichkeit erscheinen, brauchen wir nicht zu begreifen, es genügt, davon ergriffen zu sein.

Einführung von Annemarie Kury

Wer war Fritz?

Fritz kam als viertes von fünf Kindern – nach drei Mädchen – einige Tage vor Weihnachten 1960 in Wien zur Welt. Fritz war somit der Vierte in der Ahnenreihe, die eigentlich alle Friedrich hießen, jedoch immer nur Fritz genannt wurden. Er war die große Weihnachtsüberraschung, ein Geschenk in der Krippe, endlich ein Bub! Damals wusste man erst bei der Geburt, ob es ein Mädchen oder ein Bub ist. Ein Sohn aber, der den Familiennamen weiterträgt, war sehr wichtig! Vor allem die Großeltern Kury warteten schon seit dem ersten Enkelkind auf einen Nachfolger ihres im Krieg gebliebenen ersten Sohnes Fritz.

Heimkommen, Heiligabend 1960
Die drei älteren Schwestern begrüßen Fritz

Familiengrab am Neustifter Friedhof,
Wien

Fritz war ein ruhiges, jedoch aufgewecktes Kind, an allem interessiert, nachdenklich, mit vielen Fragen. Er sollte als Bub nicht verwöhnt oder anders erzogen werden als die Mädchen und musste wie diese bei den alltäglichen Arbeiten ein wenig mithelfen. Sein jüngerer Bruder, ein Nachzügler, hatte es da schon etwas leichter.

Oft überraschte Fritz seine Eltern mit seinen ungewöhnlichen Fragen. Einmal, als wir Eltern mit den Kindern an einem Schrottplatz für ausgediente Autos vorbeifuhren, wollte Fritz von uns wissen, warum da so viele kaputte Autos herumstehen, was mit denen geschehe und warum diese eigentlich kaputt seien. Unsere Antwort, dass alle Autos einmal alt werden oder durch einen Unfall so beschädigt sein können, dass sie auf dem Autofriedhof landen, reichte ihm nicht. Als wir ihm erklärten, dass sich Menschen auch Teile von diesen kaputten Autos holen können, um ihre Autos damit zu reparieren, war er jedoch vorerst einmal zufrieden. Doch nach einigen Tagen fragte der 6-Jährige seinen Vater: "Kannst du als Arzt auch vom Friedhof neben dem Spital von den alten oder kaputten Menschen Ersatzteile holen und damit Menschen wieder gesund machen?"

Wie bereits seine Schwestern, sollte auch Fritz ein Instrument lernen. Klavierüben war aber nicht nur Freude für ihn. Erst als Fritz mit seiner Schwester vierhändig spielen konnte, wurde es interessanter. Den Aufgaben der Musikschule zog er modernere Stücke vor wie zum Beispiel den beliebten Clou aus der Ragtime-Zeit.

Im Alter von 14 Jahren hatte Fritz genug vom Klavier lernen. Er wollte Trompete spielen. Wir Eltern waren darüber nicht sehr erfreut und schlugen ihm vor, es sich doch nochmals zu überlegen, ob es wirklich Trompete sein müsse! Nach einigen Tagen des Überlegens kam er und meinte triumphierend: "Gut, ich habe es

Fritz mit seiner Trompete

mir überlegt – doch nicht Trompete, lieber Schlagzeug." Da winkten wir Eltern ab: „Bitte, dann doch lieber Trompete". Die Strategie von Fritz war aufgegangen.

Als Fritz 16 Jahre alt war, brach sein Vater zu einer Himalaya-Expedition auf (Jubex 77). Bei der offiziellen Verabschiedung der Expeditionsteilnehmer am Wiener Rathausplatz spielte Fritz als Solist das Stück „Muss i denn zum Städtele hinaus ...". Der Vater kam nicht mehr zurück. Er verunglückte am 28. Juni 1977 in den Bergen des Himalaya. Fritz wurde noch nachdenklicher.

Nach der Matura leistete er den Militärdienst als LKW-Fahrer samt Trompete, die immer mit dabei war. Danach studierte er Biochemie. Er wollte immer schon den Dingen auf den Grund gehen. Zu dieser Zeit begegnete er auch seiner ersten großen Liebe und wurde mit 20 Jahren Vater. Um neben dem Studium Geld für die Familie zu verdienen, arbeitete er in den Sommerferien als Bierausfahrer. Zu dieser Zeit verkaufte er auch seine Trompete. Mit dem Geld aus dem Verkauf seines geliebten Instrumentes kaufte er einen besonderen Stoff für einen Wintermantel als Weihnachtsgeschenk für seine Freundin. Den Mantel nähte Fritz selbst, obwohl er keine Nähkenntnisse hatte.

Noch während des Studiums kam er an die Uniklinik in Wien, ins Hormonlabor. Im Zuge seiner Forschungen machte er weitreichende Entdeckungen, jedoch wollte er diesen Weg als Forscher unabhängig weitergehen. Aus diesem Grunde kündigte er die sichere Arbeitsstelle und gründete eine eigene Firma – „ViennaLab". Ein finanziell riskantes Unternehmen, verbunden mit sehr viel Arbeit. Bei internationalen Kongressen fanden seine Forschungsresultate jedoch großen Anklang und viel Interesse. „ViennaLab" wurde ein international bekanntes und anerkanntes Unternehmen. Als Miteigentümer und Geschäftsführer der Firma bereiste Fritz die ganze Welt.

Um bei diesen enormen beruflichen Herausforderungen seinen Kopf frei zu bekommen, liebte es Fritz in die Natur zu gehen. Wassersport begeisterte ihn im Sommer, Schifahren im Winter, und abschalten konnte er zu jeder Zeit mit seinem so geliebten Trommeln.

Muttertag 2009: Es war der 10. Mai. Fritz besuchte wie jedes Jahr seine Mutter, diesmal aber das erste Mal ohne Flieder. „Mama, der Flieder ist heuer schon verblüht. Ich bringe dir dafür das aktuelle Heft von National Geographic mit dem Titel: Der Traum von Shangri-La ... auf der Suche nach einem fernen Ort des Glücks. Weißt du, ob Papa darüber gelesen hat?" Es entwickelte sich daraus ein sehr schönes, tiefgründiges Gespräch über Religion und im Speziellen über Buddhismus – in ihm lebte der Wunsch nach einer Lebensveränderung, das war spürbar.

Dieses Gespräch mit Fritz am Muttertag war das letzte Geschenk von ihm an mich auf der Erde.

Am nächsten Tag – dem 11. Mai 2009: Nach der Arbeit rudert Fritz mit seinem Sporteiner auf der Donau, sackt zusammen, das Boot kippt und er versinkt im Wasser. Feuerwehrtaucher finden ihn am Boden der Alten Donau in den dichten Schlingpflanzen. Genau so, wie ich vor Jahren in einem Traum einen Körper im Wasser in dichten Schlingpflanzen liegen sah.

Die Vorbereitungen für das Begräbnis gestalteten sich so wie Fritz sein Leben lebte – unabhängig und selbstbestimmt. Fritz war nicht mehr Mitglied der Kirche – deshalb wurde die Verabschiedungsfeier von der Familie gestaltet. Seine beiden Söhne, Raphael und Sebastian, brachten mit ihren Worten bei der Verabschiedung zum Ausdruck, welch wichtige Rolle ihr Vater und Freund in ihrem Leben innehatte (siehe Seite 239–244).

Auch die Worte eines seiner engsten Mitarbeiter drückten aus, welch Vorbild er für seine Mitarbeiter war und wie er zu einer guten Arbeits- und Lebensqualität für alle beitragen wollte.

Sein Freund Mamadou aus Burkina Faso spielte das Balafon und sein Musikerfreund Lorinho aus Brasilien trommelte den ganzen Weg bis zum Grab. Es war ein berührender Abschied, der erahnen ließ, wer Fritz war und dass er in den Herzen von uns allen weiterleben wird. Fritz war und bleibt ein Geschenk!

Wie dieses Buch entstand?

Nach dem Begräbnis kam die große Leere für mich – eine Einsamkeit, eine Traurigkeit und immer wieder die Frage: „Wie geht es meinem Kind? Wo ist seine Seele? Kann ich etwas für ihn tun?" Immer wieder ging ich zu seinem Grab, zündete ein Licht an und dann stellte ich ihm jedes Mal wieder genau diese Fragen.

Einmal setzte sich ein Vogel auf den frisch polierten Grabstein und ließ etwas fallen. Ich nahm ein Taschentuch, spuckte kräftig drauf und reinigte die verschmutzte Stelle des schönen Steines. Doch dann erschrak ich, denn plötzlich hörte ich Fritz, wie er sagte: „Mama, wir wollten schon als Kinder nicht, dass du mit dem angespuckten Taschentuch noch schnell unseren Kakao-Mund sauber machst", und er lachte dabei. Auch ich konnte am Grab zum ersten Mal lachen.

Schon als Kind erlebte ich den Tod in der Familie, das Sterben meines geliebten 6-jährigen Bruders. Ich wollte damals unbedingt wissen: Wo ist Hansi jetzt? Meine Mutter konnte jedoch nicht darüber reden. Die Antwort, die sie mir gab, war: „Er ist jetzt ein Engel". Ich wollte aber weiterhin mit meinem Bruder sprechen und machte das auch – ganz heimlich. Noch lieber wollte ich mit ihm fliegen, das geschah oft im Traum. Oder war es träumen bei Tag? Ob das jetzt mit Fritz auch möglich werden kann?

Ein halbes Jahr nach dem Tod von Fritz begegnete ich einer Bekannten in der Straßenbahn. Vor vielen Jahren hatte sie ihr einziges Kind kurz nach dessen Promotion verloren. Sie kam auf mich zu und sagte ganz direkt: „Seit ich mit meinem Sohn in engem Kontakt bin, geht es mir gut. Ich habe über ein Schreibmedium so vieles von ihm erfahren und bin durch diesen intensiven Kontakt wieder glücklich geworden."

Das konnte ich jedoch nicht glauben – ja, es war mir auch peinlich, dies in der Straßenbahn, neben fremden Menschen hören zu müssen und wollte deshalb aussteigen. Die Bekannte jedoch wollte mich davon überzeugen, diesen Kontakt auch aufzunehmen. Es kam mir vor, als wollte sie mir den Kontakt mit der Frau mit den außergewöhnlichen Begabungen direkt aufdrängen. Sie gab mir einen Zettel mit Namen und Telefonnummer. „Nein – nein, sicher nicht – das kann nicht mein Weg sein", dachte ich.

Nach einigen Wochen, als ich wieder einmal sehr traurig meinen Tagesablauf vorbereitete, fiel genau dieser Zettel mit dem Namen und der Telefonnummer aus meiner Brieftasche auf den Tisch. Es ist mir bis heute unverständlich und geheimnisvoll, was da geschehen war.

Plötzlich war ich interessiert und wollte die Stimme dieser außergewöhnlichen Frau hören. So griff ich zum Telefon – die Stimme klang sympathisch und freundlich, als sie sagte: „Ja, ich weiß, dass Sie kommen werden, machen wir einen Termin." Ich wollte zwar nur die Stimme hören, doch zum Termin nein sagen, das konnte ich auch nicht.

So kam es zur ersten Begegnung und auch schon zum ersten Brief – dem folgte der zweite, der dritte, der hundertste. Lange Zeit meldeten sich immer wieder Zweifel, wie denn diese Kommunikation zustande kommen kann, wie dies zwischen Fritz und mir funktioniert. „Sind dies nur meine eigenen Gedanken?" „Ist das gut für Fritz oder halte ich ihn damit in seiner Weiterentwicklung auf?" Es heißt doch immer, man solle die Toten ruhen lassen!

All das fragte ich Fritz und ich konnte sicher sein, dass ich von ihm bei der nächsten Sitzung mit dem Schreibmedium auf meine Fragen Antworten erhielt. Nach mittlerweile vielen Jahren ist diese Kommunikation ganz natürlich – ganz selbstverständlich geworden.

Es ist die Frequenz der LIEBE, die dies für mich ermöglicht und mir damit die große Trauer erträglich gemacht hat. Ich kann zufrieden und dankbar weiterleben.

Botschaften von Fritz 2010 bis 2018

28. April 2010

Hallo,

ich habe nicht gewusst, dass ich bei den Menschen bleiben darf. Ich war so leichtsinnig mit meiner Gesundheit und habe das auch noch übertrieben. Ich habe gedacht, man hat nur ein Leben, das man ausnützen soll.

Vater war so tüchtig, so großartig, so bewundernswert, ich wollte immer so sein wie er. Aber das ist mir nicht gelungen, ich hatte große Probleme damit. Du wolltest immer mit Liebe vermitteln, das weiß ich, aber immer ist das nicht gelungen. Du warst immer da, auch wenn dir so vieles nicht leichtgefallen ist. Danke, dass es dich für mich gegeben hat.

Bitte verzeih mir meinen Leichtsinn. Ich hätte auf dich aufpassen müssen, ich war derjenige, der für Vater einspringen hätte sollen. Das habe ich nicht recht gemacht. Jetzt habe ich dich auch im Stich gelassen, es ist wie eine Kette von Unglücken. Ich will es in Ordnung bringen, ich weiß nicht wie. Ich bleibe bei dir, wenn du willst. Aber ich brauche Zeit, um zu erkennen, dass man nicht tot ist, wenn man gestorben ist.

Ich danke dir für alles.
Fritz

20. Mai 2010

Meine geliebte und beste Freundin!

Obwohl, du weißt es ja selbst, wer du in Wirklichkeit für mich bist! Ohne dich als Erdenmutter wäre mein Leben noch schwieriger für mich verlaufen, als es in der Tat geschehen ist. Du hast immer dafür gesorgt, dass die „Katastrophen" irgendwie – irgendwie eben – glimpflich abgelaufen sind. Du hast mich abgeschirmt und mir die Luft zum Atmen ermöglicht. Du bist das Beste, was mir widerfahren ist in der kurzen Reise meiner Seele in die materielle Form des Menschseins. Dafür danke ich dir, danke ich dir aus der Fülle meiner Liebe zu dir.

Nun willst du wissen, ob ich dich höre, wenn du mit mir sprichst: Nein, ich höre dich nicht, ich fühle, ich spüre, ich bin eins mit dir. Die Worte und Gedanken sind Schwingungen und die Seele besteht aus Schwingungsfrequenzen. Alles ist Schwingung, du bist meine Frequenz, daher wird es nie eine Trennung für uns geben. Nur ein kleines „Auf Wiedersehen" auf Zeit, das dir Schmerz, Leid und Fassungslosigkeit gebracht hat. Und jetzt Liebe und Bestätigung einer Welt, die für andere Menschen aus Unsicherheiten und Ängsten besteht.

In meiner Welt gibt es Erkenntnisse und Erklärungen, die das gesamte Wissen der Weisheit enthalten. Du musst nur den Mut haben, dir dieses Wissen deiner Seele zu aktivieren. Es ist da für dich, ich weiß es, denn du und ich – wir haben dieses Wissen gelebt – ohne es im Bewusstsein zu haben. Aber jetzt, jetzt ist es da und für dich abholbereit!

Bitte denke nicht mehr an die Vergangenheit und an das, was geschah. Nur starke Seelen haben den Mut und die Kraft, derartige Lebensbedingungen durchzustehen, Mut und Kraft der Seele, Tapferkeit und Durchhaltevermögen im Menschsein. Du bist eine große Helferin geworden, du warst es von Anbeginn deiner Existenzen. Und deine Seele hat sich das alles vorgenommen, um als Mensch diesen Weg zu gehen. Vertrau einfach dem Umstand, dass du bewusst mich als Sohn angenommen hast, der diesen Vater in diesem Leben zu akzeptieren hatte.

Wer, wenn nicht du, wenn nicht deine Seele, hätte dieses Schicksal auf sich genommen – und im Selbst – als Frau, Mutter und Gattin dadurch den rechten, weil wahrhaftigen Weg der irdischen Erfahrungen gehen zu können.

Sei getrost, wir werden nun eine wunderbare gemeinsame Erfahrung machen: Wir legen einfach zwei „Welten" übereinander und lösen die Grenzen auf. Alles ist machbar, wenn es der „Wille will" und die Schöpfung eine Lösung bietet. Die Lösung ist da, wir brauchen nur die Grenzen zu öffnen. Du weißt, wie es geht, ich tue mein Bestes – was soll das Zögern! Vertrauen ist die Kraft, die es geschehen lässt – bitte, tu es!

Ich liebe dich, ich achte und respektiere dich. Und wenn ich könnte, würde ich den Hut vor dir ziehen!

Ich darf dir keinen Rat geben, aber du hast die Lösung schon in deinem Herzen. Bitte, bedenke, jedes Schicksal muss seinen Weg gehen. Loslassen heißt, das Schicksal laufen lassen.

Du kannst nicht jedem helfen, wenn es nicht im „göttlichen Plan" vorgesehen ist.

26. Mai 2010

Meine geliebte Freundin und Schwester!

Ich bin so oft in deiner Nähe, besonders dann, wenn dich deine Traurigkeit wie ein Mantel umhüllt. Er ist wie eine Mauer und spendet dir Schutz. Aber er verhindert auch, dass du mit mir Kontakt aufnehmen kannst. Du darfst also nicht mehr traurig sein, denn sonst gelingt dir unsere Gemeinsamkeit nur unter den schwersten Bedingungen. Ich weiß, ich verlange viel zu viel von dir, aber ich weiß auch, dass du stark und voll Lebenskraft bist – auch wenn du es von dir nicht so recht glauben willst.

Für dich ist dein Leben so selbstverständlich gelaufen, du hast alles mit angepackt und warst stets in der Gegenwart – in der Gegenwart der vielen dich umgebenden Menschen – am allerwenigsten jedoch in deiner eigenen. Jetzt ist das der Fall, du bist jetzt – größtenteils – für dich da, denn die familiären Verpflichtungen sind beinahe abgeschlossen. Und nun bist du das Opfer einer Traurigkeit – bitte, beginne dein Leben zu leben, das ist von großer Wichtigkeit.

Ich konnte – so wie du – mein eigenes Erdendasein nicht aktivieren. Es war alles, aber auch alles so viel wichtiger für mich. Und damit es ja nicht an Wichtigkeit verliert, habe ich mir auch noch große Schwierigkeiten hergeholt und mitgenommen. Klingt irgendwie nicht ganz „echt", war es aber.

Hier – in meiner jetzigen Welt – habe ich schon so viel erkannt. Nein, es fliegt mir förmlich zu, dieses neue – alte Wissen. Es geht wie im Fluge und ich weiß, dass ich niemals fähig gewesen wäre, mein Erdenleben so zu verändern, dass es mein „eigenes" geworden wäre.

Ich habe um Hilfe gebeten – so wie du, in einer Art „Gebet" – und ich habe Hilfe bekommen, indem ich mein Erdenleben als Mensch beenden konnte. Das, was dir großes Leid bedeutet, war und ist für mich Erlösung, Klärung, Gesundung an der Seele – das wichtigste Geschehen überhaupt.

Du und ich – du wirst hier bei mir ankommen in Liebe und in der wahren, weil wahrhaftigen Selbstverständlichkeit. Die Zeit ist nur ein von Menschen erfundener Begriff. Sie vergeht schneller, als man weiß, wenn man daran glaubt. Und sie verkürzt sich im unbewussten Bewusstsein, ohne ihre Dauer zu verlieren. Die einzige Voraussetzung ist die Geduld, sie dorthin zu stellen, wohin sie gehört – ins Abseits.

Meine allerbeste „Mama", du musst dir dein Vertrauen aktivieren, indem du die Vergangenheit loslässt und die Gegenwart in die Zukunft legst! Gegenwart bist du, Zukunft sind wir.

Hier sind Friede, Harmonie, Liebe und die Selbstverständlichkeit dessen, was du als „GOTT" empfindest. Sie sind alle hier, alle die, die du als Engel, als Schutzheilige, als Helfer und Freunde bezeichnest. Sie sind hier und ich bin mitten unter ihnen. Ich bin Schüler und Wissender, es ist ein wunderbares Gefühl hier sein zu können. Nicht zu dürfen – es einfach nur zu sein. Es gibt nichts Besseres auf der Welt, auf der Erde, als sie verlassen zu können mit diesen Voraussetzungen, um die ich gebeten habe.

Also – leg deine grenzenlose Traurigkeit dorthin, wohin sie gehört: In die Vergangenheit. Du bist umgeben von Licht und Liebe, auch wenn es vom „Menschsein" nicht immer so funktioniert. Menschenkind sein heißt, auch, dort zu vergeben und zu vergessen, wo „es weh tut". Und wer könnte das besser als du in deinem Selbst und in deinem Sein. Was auch immer geschehen ist, geschieht und sicherlich geschehen wird: Du trägst es mit der einzigen Selbstverständlichkeit in deinem Leben, mit deiner Liebe zu GOTT.

Ich grüße und umarme dich innig in Licht und Liebe und in der allergrößten Dankbarkeit.
Fritz

10. Juni 2010

Meine allerbeste und einzige „Erdenmama"!
Liebste Freundin und Schwester!

Zuerst einmal einen längeren Bericht aus der anderen, aus „meiner Welt". So, wie es ist, ist alles so, wie es sein soll, denn ein MUSS gibt es hier nicht. Zumindest nicht in der Schwingung, wie es dieses Wort auf der materiellen

Seite bedeutet. Wenn hier ein MUSS im Raum steht, dann ist es die Lösung eines Problems mit einer weisen, weil wahrhaftigen Entscheidung in Vernunft und Ordnung.

Also, ich musste meinen Körper verlassen, weil es eben die einzig richtige Entscheidung war. Daran, dass du so leiden würdest, hat dein dich liebender Sohn nicht gedacht. Kinder sind Egoisten, weil sie ihr Leben leben müssen. Du weißt ja, „Kinder sind nicht euer Besitz"….

Aber im Nachhinein betrachtet – bitte, entschuldige die Tatsache, dass ich dir das angetan habe. Aber deine Seele hat mir die Freiheit meiner Seelenentscheidung gegeben – du hast es nur noch nicht so ganz im Bewusstsein.

Hier, in dieser Welt, ist es einfach wunderbar. Friede, Liebe, Harmonie – ich bin so froh, es wiedererleben zu dürfen. Jetzt weiß ich endlich, was „Heimweh" bedeutet. Ich hatte es ein ganzes Erdenleben hindurch, allerdings bin ich immer davor weggelaufen. Die unmöglichsten Situationen habe ich mir dazu ausgesucht, um nicht „nachdenken" zu müssen. Intelligent zu sein ist dafür eine große Hilfe, „Neugier" ist der Antrieb dazu. Also, ich war ein sehr intelligenter, sehr, sehr neugieriger Mensch – alles nur, um das wirklich Wichtige im Leben nicht annehmen zu müssen. Für diese Fälle hatte ich ja dich, du hast mir alles abgenommen und einen sehr großen Teil meines Lebens mit dem deinen mitgelebt.

Du stehst unter einem „mächtigen Schutz", der direkt aus der Göttlichkeit wirkt. So etwas geschieht nur dann, wenn ein Menschenkind zwei Flügel hat, der „Heiligenschein" aber noch fehlt. Weißt du, es ist dein allerletztes Erdenleben – aber das weißt du ja – und da liegen die Wertigkeiten anders. Du kannst alles tun, was du tun willst, denn du tust es ja eben in deinem GÖTTLICHEN Auftrag. Und da konnte ich schon ein wenig partizipieren.

Mama, du bist in der Tat etwas ganz Besonderes, speziell in deiner Herzgegend. Aber du bist sehr, sehr empfindsam, und das zeigt dir deine verständnislose Hilflosigkeit manchen Menschen gegenüber. Die Menschen sind eine eigene „Rasse" und nicht jeder vertritt deine Schwingung. Du musst – und das ist ein MUSS – ihnen ihre Schwächen lassen und sie trotz allem zu verstehen. Du hast dir so viel für dieses letzte Leben vorgenommen und nicht bedacht, was der Planet „Erde" wirklich darstellt: Nämlich ein Konglomerat aus den verschiedenen Entwicklungsstufen.

Es genügt wirklich, die Menschen einfach nur zu lieben (du liebst sie wirklich) und sie auch zu respektieren. Du tust das in großem Maße und für dich ist es nicht selbstverständlich, dass es die anderen nicht auch tun. Es stecken oft große, weise, weite Seelenformen in vielen der so unterschiedlichen Erdenbürger, und dennoch haben gerade diese Menschen nicht unbedingt Zugang zu dem Wissen ihrer Seelen. Warum das so ist, kann ich dir noch nicht erklären, das ist das „große Geheimnis" des Erdenweges. Aber ich weiß, dass du weißt, dass du das alles im Wissen hast, weil du es lebst. So einfach ist das und doch ist es die komplizierteste Sache auf der Welt.

Wichtig ist nur die Liebe, die Liebe zu dir in deinem Selbst, denn dann geht sie auch auf die anderen über. Und – sieh dich um – du bist umgeben von Liebe und

– auch von ein paar „Spinnerten". Aber auch das bist du gewöhnt, es ist nichts Persönliches, es sind einfach nur „menschliche Schwächen"! Ich bin jetzt aus all dem „draußen", ich habe das, was ich wollte und das große Glück, von vielem frei zu sein.

Jetzt gilt es, mein eben zu Ende gegangenes Leben „aufzuarbeiten", Schwächen zu erkennen und Themen zu transformieren. Dazu brauche ich Zeit, aber keine irdische, sondern den Willen, mich meiner Vergangenheit nicht nur zu stellen, sondern auch in die vergangenen Vergangenheiten einzutauchen. Für dieses Vorgehen brauche ich dich, also habe ich alle „Zeit der Welt". Gut Ding braucht Weile und meine Weile bist du.

Weißt du eigentlich, wie sehr auch du mir fehlst? Dein **Lebenswille**, die **Kraft** durchzuhalten, die **Ernst**haftigkeit Situationen anzugehen, die **Weisheit** richtige Entscheidungen zu treffen und sie dann auch mit **Geduld** umzusetzen. Die **Liebe**, die dazugehört, ist bei dir sagenhaft, weil du an die **Barmherzigkeit** GOTTES glaubst und in ihr lebst!

Mama, danke, dass ich dein Sohn sein durfte!
Fritz

26. Juni 2010

Meine liebste Freundin und Schwester!
Meine allerbeste Erdenmutter!

Es ist für mich ein beinahe überwältigendes Gefühl

im Wissen zu haben, mit welch wunderbarer Liebe du mich als deinen Sohn, dein irdisches Kind, umgeben und umhüllt hast. Es ist deine Ausstrahlung, die dich in diesem wunderbaren Licht leuchten lässt. Du bist umgeben von all den lichterfüllten Wesen, von denen die Menschen zwar Wissen haben, von deren Wahrheit sie jedoch kaum Ahnung besitzen.

Wenn die Menschen auch nur im Geringsten von der GÖTTLICHEN Wahrheit Klarheit hätten, wäre vieles auf der Erde anders gelaufen, liefe es auch anders. Du hast sie in beinahe greifbarer Nähe, und das ist einfach ein Gottesgeschenk. Auch für mich, weil ich es sehen und spüren kann. Du hast im Wissen, dass es so ist, obwohl auch du kaum ahnst, wie es wirklich ist. Jetzt weiß ich, wie es sein kann, wenn man wie im „siebten Himmel" schwebt. Aber dieses irdische Glücksgefühl kommt sicherlich nicht im Entferntesten an die Wahrheit, an die Wirklichkeit heran. Und manche Menschen – so wie ich – haben es auch im Leben weder gespürt noch erkannt.

Das ist aber kein Problem für mich als Mensch gewesen, denn du weißt ja: Was man nicht kennt, vermisst man nicht. Und ich war kein Träumer, das habe ich den anderen überlassen. Jetzt habe ich das Gefühl, genau das im Leben versäumt zu haben, aber das ist nicht mehr gültig, denn mein Erdenleben ist vorbei und beendet.

Ich weiß, dass du noch immer nicht über meinen irdischen Heimgang hinweg bist, denn der Schmerz in deinem Mutterherzen ist deutlich fühlbar und erkennbar. Auch wenn du großes Verständnis zeigst, zeigen willst, ist dein Verlust, mich als deinen Sohn betreffend, in deinem Schmerz nur allzu deutlich erkennbar. Du bist eine tapfere Frau, du bist mutig und großherzig, selbstlos in deiner aufopfernden Hilfe und Unterstützung leistenden Selbstverständlichkeit, aber mit dem Gefühl des hilflosen Verlassenseins führst du mit dir einen gewaltigen Kampf. Das ist so – und ich bitte deine Schutzbefohlenen aus ganzem Herzen, dass dieser Kummer für dich irgendwie beendet wird. Denn ich fühle mich schuldig, mitschuldig an diesem Geschehen.

Und ich weiß nun deine geheimen Gedanken, die sich um den Umstand meines Todes drehen: Das Boot, das Wasser, der seelisch und körperlich „ausgelaugte" Mann, dein Sohn, der sein Leben auf diese Art nicht mehr wollte, der eine große „Veränderung" vorhatte! Der Mann, der von Grund auf „neu" beginnen wollte, nicht wissend, wie das vonstattengehen sollte. Deine Angst, dein Kind wollte sich „das Leben nehmen", ohne auf deine Hilfe zu warten.

Nein, meine immer noch so geliebte Mutter, ich hatte weder das in meinem irdischen Verstand, noch war mein Tod ein „Unfall". – Ich war ausgelaugt, müde, enttäuscht und davon überzeugt, dass mein Leben nicht mehr so weitergehen konnte. Nicht in der Art, wie es bis zum Augenblick lief, als es passierte.

Ich hatte mit einem Mal das Gefühl, jemand war in meiner Nähe und sprach mit liebevollen, aber strengen Worten zu mir. Dieser Jemand ermahnte mich, über meine „Taten" Rechenschaft abzulegen und den Sinn dahinter zu erkennen. Es war eine wundervolle Sekunde der Erkenntnis und des Wunsches, alles hinter mir zu lassen. Dieser Wunsch ging unmittelbar in Erfüllung, zurück blieb mein Körper in dem Boot? In dem Wasser? Fiel er in das Wasser? – Ich weiß es nicht, weil ich längst auf der schönsten Reise meines Daseins war. Im Augenblick des „Hinübergehens" ist der Zusammenhang von Mensch und Seele gelöst und es ist für die Seele nicht mehr wichtig, was mit ihrem Erdenkörper geschieht. So war es jedenfalls mit mir, das darf ich dir mitteilen. Der Tod ist ein leiser, liebevoller Entscheider, das Sterben an sich nicht merkbar, weil die Trennung unmittelbar entsteht. Und ich wollte einen „Neuanfang". Ich bekam ihn aus der GÖTTLICHEN GNADE heraus, da ich ihn als Mensch und Mann aller Wahrscheinlichkeit nie gefunden hätte.

Du geliebte und allerbeste Freundin: Nimm den Schmerz deines Verlustes und übergib ihn der großen, wunderbaren Selbstverständlichkeit aus der GÖTTLICHEN LIEBE, tu es bewusst und in dieser selbstverständlichen Liebe! Du wirst die Ruhe und die Gewissheit dadurch erhalten, dass ein Erdenleben nur Erfahrungszweck beinhaltet, dass das Leben – das wahre Leben – erst nach dem irdischen Tod beginnt:

Mit unserer Wiedervereinigung in Licht und Liebe, in Frieden und in Harmonie, im Christusbewusstsein - mit uns beiden!
Fritz

7. August 2010

Meine geliebte Herzensfreundin!
Geliebte Erdenmutter!

Ich weiß, dass deine Sehnsucht nach meiner körperlichen Gegenwart in deinem Erdenleben so groß ist, dass der Schmerz um meinen Verlust dir immer noch tief in deinem Mutterherzen sitzt. Und ich weiß auch, dass genau dieser Schmerz in dir bestehen bleiben wird, auch wenn ihn der Kontakt mit mir in meinem gegenwärtigen Zustand etwas mildern lässt. Und – ich weiß auch – dass du mit eisernem Willen bereit bist, diese Situation zu meistern, auch wenn du weißt, dass auch das nur ein kläglicher Versuch mit ungewissem Ausgang ist.

So weit, so gut! Aber – wir wissen beide, dass keiner, dass niemand diesen Zustand ändern kann, denn GOTTES WILLE ist nicht hinterfragbar. Nun, meine liebe Freundin, dieser „Gottes Wille" ist das, was die Menschen als Schicksal kennen, leben und erleben werden mit Beginn der Zeugung. Es ist also unser eigener Wille aus der Seele heraus, ein neuerliches Erdenleben zu beginnen.

Es nach Möglichkeiten und Gegebenheiten auch durch- und/oder auszuleben, zu Ende zu leben. Das, was „Gottes Wille" ist, bleibt das Geheimnis der Stunde, in der wir – jeder von uns – in diese Energie zurückkehren. Die Seele geht, der materielle, körperliche Zustand (der Mensch als solcher) bleibt zurück und wird: Asche zu Asche, Erde zu Erde oder Stein zu Stein. Was auch immer mit der Materie eines Menschen nach dem körperlichen Tod geschieht, ist aus dem Willen oder den Wünschen der Hinterbliebenen zu tun.

Die Seele – reine Energie – zusammengesetzt aus vielerlei Schwingungsfrequenzen – geht „nach Hause", geht „heim" und genau dorthin, wo sie hingehört, wo ihre Zugehörigkeit ist. Das ist so und so wie das geschieht – und nur das geschieht – geschieht es in GOTTES WILLEN.

So gesehen ist der Mensch als Mensch in seinem eigenen Willen verankert, der Zustand nach dem körperlichen Heimgang ist einer wunderbaren, einer liebevollen Energie „untergeordnet", die das Größte ist, was sich der menschliche Verstand nicht einmal annähernd vorzustellen vermag. Es ist eine Art „Liebesschwingung", die die Seele in Licht hüllt, die die Erdenzeit vergessen lässt, weil sie nur eine Kette von Erfahrungen dargestellt hat. Erfahrungen auf der negativen Ebene, um das Positive nicht nur zu verstehen, sondern auch zu begreifen.

Ich hatte als Mensch diesen wundervollen Seelenteil zur Verfügung und musste in meinem Erdenleben erkennen lernen, dass in die Schöpfung nicht „eingegriffen" werden kann, weil die Schöpfung ein abgerundetes „Ganzes" ist, deren Verlauf zwar nicht geplant ist in der Art, wie sie abläuft. Der Verlauf hängt mit einer Zeitfolge zusammen, die nicht vom menschlichen Verstand zu klären oder zu erkennen ist. Auch mit der „Quantenphysik" werden die Menschen nicht große Erfolge haben, denn GOTTES WILLE ist stärker und in einer Frequenz, die aus dem materiellen Bereich nicht zu erkennen und auch nicht zu erforschen ist. Diese Tatsachen sind wesentlich einfacher, aber genau die „Einfachheit des Begreifens" ist nicht im Gehirn des Menschen verankert.

Ach, meine geliebte Freundin, meine wunderbare, allerbeste Freundin, ich habe hier in meiner Welt so viel Wertvolles wiedererkannt. Sag mir, wie hätte ich in meinem Erdenleben weiter tun können, wo mein Erdenweg das „STOP" erhielt und meinen größten Wunsch erfüllte.

Leg deine Fragen ab und schicke deine Trauer „zu den Sternen". Du bist ein so großartiges Menschenkind mit einer so übervollen Menschenliebe und dieser GÖTTLICHEN KRAFT, sie zu den Menschen zu tragen, sie ihnen mit offenem Herzen und ausgestreckten Händen darzubieten – du wirst so nötig gebraucht unter dem Hass, dem Neid, der Gier und der Egomanie auf der Erde. Tue das, was du tun „MUSST", denn das ist dein „GÖTTLICHER WILLE", den du dir vor Antritt deines Erdenlebens vorgenommen hast.

Ich habe hier viele vertraute Seelenwesen an meiner Seite, „himmlische Freunde" in deinen Worten, und wir alle bewundern deinen Mut, deine Selbstverständlichkeit im Guten zu agieren und wir alle sind stolz auf dich, unendlich stolz. Und „Stolz" ist eine GÖTTLICHE Energie, auch wenn sie auf Erden so manches Mal „falsch" angewendet wird und durch irdische „Mächte" verboten ist.

Ich freue mich so auf unser „Wiedersehen", denn dann wird auch dir wieder die „Offenbarung des Himmels" als Erkenntnis zukommen. Was gibt es Gnadenvolleres als in diesem Wissen neu zu lernen!

Ich liebe dich in Licht, in Freude, in Frieden und … in Selbstverständlichkeit.
Fritz

25. August 2010

Meine über alles geliebte Freundin und Schwester!
Meine noch immer geliebte, einzige Erdenmutter!

Ich spüre ganz deutlich, wie sehr und wie oft du in Gedanken bei mir bist und wie sehr meine menschliche Gegenwart dir fehlt. Diese riesige Sehnsucht nach meiner Gegenwart und die tapferen Momente in deinem Herzen, die Sehnsucht in irdische Vernunft umzuwandeln. Und ich weiß ganz sicher, dass es dir von Mal zu Mal besser gelingt, dem Schicksal, unserem gemeinsamen Schicksal, das Vertrauen zu geben, das es ermöglicht, ein Leben in Hoffnung und Zuversicht leben zu können, zu Ende leben zu können.

Ich habe hier begriffen, in meiner jetzigen Welt erkannt, dass die Bedingungen zum Antritt eines Erdenlebens ganz einfach sind: Es ist ein gerader, vorgezeichneter Weg, den man als Mensch zu gehen hat. Alle Probleme, alle Sorgen, alle Nöte sind einer Seele von Anfang an bekannt und vertraut, es gibt keine Überraschungen, weder solche noch solche, es gibt im schlimmsten Fall ein paar „Stolpersteine", auf die man achten muss – mehr ist es nicht, weil ein jeder als Mensch nur das „Päckchen" mitnimmt, das er selbst zu tragen bereit ist.

So einfach ist es und dennoch ist es die größte Herausforderung für die Seele, ein neues Erdenleben zu beginnen. Und das liegt am „Rundumblick", wenn man dann endlich selbst im Leben steht. Die Menschen nennen solche Situationen „Versuchungen", aber das ist nicht die Wahrheit. Versuchungen sind letztendlich selbst getroffene Entscheidungen aus vielerlei Gründen. Es ist also jeder einzelne Mensch für sein Leben selbst verantwortlich.

Auch wenn die Ereignisse nichts mit dem Ablauf des Schicksals zu tun haben. Und genau das ist der „Pferdefuß" in der Entwicklungsgeschichte dieser Schöpfung. Er nennt sich „Neugier" und ist nichts anderes als eine „Gier auf etwas anderes, auf etwas Unbekanntes, auf etwas, das nicht mit dem eigenen Weg zu tun hat.

Es ist so schwer, das alles in Worte zu fassen, in einer Sprache zu beschreiben, in der die Begriffe aus der GEISTIGEN WELT nicht vorhanden sind, weil das dazugehörige Wissen fehlt. Es ist eben so, dass die Wirklichkeit der GEISTIGEN WELT und die Wahrheit dazu absolut nichts mit der Realität in der irdisch-materiellen Verstandeswelt zu tun haben. Es ist wie eine mathematische Formel: Die Wirklichkeit ist umgekehrt proportional zur Realität – und das versteht keiner, auch ich noch nicht. Aber – es soll ganz einfach sein, wenn man es „begriffen" hat. Nur – der Verstand „begreift" nicht, der Verstand als solcher „versteht" – und damit beginnen die Schwierigkeiten.

Meine Welt hier ist faszinierend im Erkennen, ich bin so froh und voll Freude, hier sein zu können in Frieden und in Ruhe. Und das aber nur, weil ich etwas „erkannt" habe und um „Entschuldigung" gebeten habe. Ich könnte jetzt sagen, mein Kopf tut weh vom vielen Denken und Begreifen, aber ein Kopf, den man nicht hat, tut auch nicht weh. Nur die Erinnerung daran …

Ich bin so froh, dass es dich für mich immer noch gibt, dass du dir meine „euphorischen" Berichte anhörst – nicht leicht zu verstehen, aber du tust es ja trotz allem. Auch das ist Liebe, Liebe der besonderen Art, Liebe, wie sie nur Seelen zuteil wird, die die wahre, die wirkliche, die GÖTTLICHE LIEBE in sich tragen.

Wir zwei DU und ICH

15. September 2010

Meine allerbeste Freundin!
Hallo Mama!

Es ist ein so gutes Gefühl zu wissen, dass immer noch jemand an meinen gegenwärtigen Erfahrungen Interesse zeigt und auch daran teilhaben will.

Letzteres ist ein schwieriges Unterfangen, weil in meiner Welt meine Erfahrungen stattfinden, und du – du wunderbares, menschliches Wesen – in dieser Welt nicht unbedingt daran teilhaben kannst. Also tue ich mein Möglichstes und erzähle und erkläre dir meine Welt, die ja auch die deine sein wird, gewesen ist und stets ist. – Du weißt um das „Perpetuum mobile" – alles ist gleichzeitig und dabei ständig in Bewegung. Nur der Großteil der Menschheit ist starr, steif und stur, dazu kommen Eigensinn und grenzenloser Hochmut. Von der Dummheit ganz zu schweigen, sie schmerzt auch in meiner Welt.

Meine geliebte Freundin, du hast so viele Fragen, stelle sie, ich denke, ich habe Antworten.

Du willst unbedingt wissen, was mit deinem Lebens-gefährten, meinem irdischen Vater[1] ist, und ob ich ihn kontaktieren konnte. Ja, natürlich, er ist ein guter Freund geworden. Als ich hilflos im Boot lag und wuss-te, jetzt ist mein Leben zu Ende, da war er da und hat mir Mut gemacht. Er hat mir genau erklärt, was der Sterbevorgang ist, und ich habe ihm zugehört. Die Situ-ation ist so selbstverständlich gewesen: Vater und Sohn im vertrauten Gespräch, einer erklärt die ebenfalls ge-machte, ähnliche Erfahrung. Er selbst konnte sich kaum mehr erinnern, ich habe ihm detailliert seinen Todesfall geschildert. Das war für ihn verwunderlich – er hat es tatsächlich bereits vergessen. Weil es nicht wichtig ist, woran man stirbt. Wichtig ist, dass man sich einverstan-den erklärt, dass man es geschehen lässt. Und das war für mich ganz leicht zu vollziehen. Sozusagen an der „Vaterhand" bin ich hinübergeglitten wie auf „Engels-flügeln" – es war leicht, es war selbstverständlich und es war gut.

Er ist dann aber zurückgeblieben. Das musste so sein, damit ich mich zurechtfinden kann. Nun ist er augen-

---

[1] Willi Kury, der Vater von Fritz, ist als Expeditionsarzt im Himala-ya 1977 tödlich verunglückt.

scheinlich dort, wo er immer sein wollte, und hilft denen, die die Macht der großen Berge, die Könige der Erde, unterschätzen. Das ist eine großartige Aufgabe! Aber ich habe immer gewusst, dass ich großartige Eltern habe. Und dass ein dicker Strahl von Liebe beide verbindet. Aber das ist „eine andere Geschichte". Um die musst du dich selbst kümmern.

Frage von Annemarie: Bist du Rudi, meinem Bruder, begegnet?

So viel ich weiß, ist er wieder als Mensch zurückgekehrt. Kann aber sein, dass er noch in der Schleuse ist. Ich habe ihn nicht mehr gesehen oder gespürt. Macht aber nichts, du wirst es sicherlich herausfinden. Du findest alles heraus – das war schon mein großes „Kindheitsproblem".

(Annemarie) Nach dieser Mitteilung habe ich sieben Jahre immer wieder an Rudi gedacht, wie es ihm wohl ergeht. Erst im Juni 2017 habe ich plötzlich gespürt, dass es Zeit ist, mit einem Foto von Rudi zu meinem Medium zu gehen. Und er hat auf mich gewartet, (siehe Seite 217: Mitteilung von meinem Bruder Rudi vom 7. Juni 2017).

Frage von Annemarie: Fritz, möchtest du mit Christin[2] in Kontakt sein?

Möchte ich schon sehr gerne. Ich bin so oft bei ihr und will, dass sie es spürt. Aber sie umgibt noch so eine gro-

---

[2] Christin, die Schwester von Fritz, mit der er eng verbunden war und oft Fachgespräche (Laborärztin) geführt hat.

ße, dunkle Sorgenwolke, angefüllt mit Verzweiflung. Und da ist es schwer, zu ihr durchzudringen. Ich weiß, dass ich ihr fehle, das tut auch mir weh. Aber – es gibt sie, die Wunder – also lassen wir eines geschehen!!

Mama – du brauchst mich nicht in deinen „Experimenten". Um dich herum flirrt und leuchtet es, da gibt es Wesen, von denen du nicht einmal mehr weißt, dass es sie gibt (und ich wusste das auch nicht!). Menschen bezeichnen sie manches Mal als „Engel", als „gute Fee", als „Schutzengel" – aber, was immer sie auch sind, sie passen auf dich auf, sie schützen und behüten dich, sie lieben und verehren dich und sie haben großen Respekt vor dir, deinen Kräften und Energien, denn: So unterschiedlich ist es nicht in der geistigen Welt. Da, wo du hilfst, da sind sie dabei, denn: Du bist doppelt – materiell und energetisch. Du arbeitest auf beiden Seiten, nur – du weißt es erst jetzt. Lass es dir erklären und – MACH WEITER!

Dein Fritz

6. Oktober 2010

Es ist eine wunderbare Situation, wenn sich altbekannte Seelenteile treffen und einander die Hände reichen können. Du bist so ein Seelenteil, ich bin so ein Seelenteil und wir reichen uns jetzt in liebevoller Umarmung die Hände:

Die beste aller Freundinnen und
der glücklichste aller Freunde!

Glück ist, wenn all das so geschieht, wie es im Lebensbuch vorgesehen ist – irdisch gesehen. Freude ist, wenn in der Akasha-Chronik[3] alle Stationen des Lebensbuches folgerichtig abgelaufen sind, und somit der irdische Weg der Erfahrungen abgeschlossen und beendet ist. Das alles heißt „Friede" und du und ich und noch viele andere sind in diesen Frieden eingeschlossen.

Wir haben beide sehr viele Erfahrungen in diesem, unserem gemeinsamen Erdenleben gemacht. Du in Form der absolut GÖTTLICHEN Nächstenliebe, ich in Form der absolut GÖTTLICHEN Gesetzmäßigkeit der Ordnung – du und ich beenden unsere Reisen durch die Inkarnationen mit der Station „Erde" in der Erfahrung der allumfassenden GÖTTLICHEN LIEBE. Du in der positiven Erfahrung, ich auf der negativen Seite. Beides ist der Ausgleich in der GÖTTLICHEN Vernunft.

Positiv – Negativ ergibt zusammen die absolute Reinheit in der Schöpfung. So ist es, so wird es sein, so wird es auch in Folge sein. Und weil ich im Wissen habe, dass du jetzt deinen lieben Kopf im totalen „Unverständnis" schüttelst, erkläre ich es dir in ganz einfachen Worten: Den Menschen zu helfen und ihnen „Liebe" zu zeigen geschieht NUR in Taten und niemals im wissenschaftlichen Bereich.

Das ist meine Erkenntnis aus meinem Leben, aus von mir gemachten Erfahrungen. Du hast mir als Mensch Liebe

---

[3] Die Theorie von einem übersinnlichen „Buch des Lebens", das in immaterieller Form ein allumfassendes Weltgedächtnis enthält.

vorgelebt und mich in meine Schwingung zurückge-
holt. Diese Schöpfung ist eine Versuchsreihe, aber nicht
von Menschen für Menschen gedacht. Es ist eine GÖTT-
LICHE „Möglichkeit" für die Menschen, nicht aber die
Freigabe für „extravagante" Laborexperimente.

Mama – bitte, frag nicht nach, „wurschtel" dich einfach
durch. Du musst mich so nehmen, wie ich bin – das gehört zu den Pflichten einer Mutter!

Ich habe im Wissen, dass ich viel zu viel von dir verlange, und das in kürzester Erdenzeit. Ich will nämlich,
dass du mit einem riesigen Vorrat an Wissen hier in
unserer Welt ankommst, damit ich dir dann sofort (und
am besten schon gestern) das Universum zeigen kann.
Das Universum mit seinem Teil der Allmacht, für das
sich jedes Leben zu leben gelohnt hat, und sei es noch
so schwer und schwierig gewesen. Ich will, dass du dir
dein Wissen schnell wieder aneignest, unser gemeinsames Wissen um die WEISHEIT der GÖTTLICHKEIT.
Das Wissen um die ALLMACHT.

Mama, du bist groß, du bist mächtig, du bist hell, du
bist rein, du bist etwas Besonderes.

DU BIST DU! DEIN DU IST DIE SELBST-
VERSTÄNDLICHKEIT

in den sieben Leitstrahlen:

> im Ernst
> im Willen
> in der Weisheit

in der Kraft
in der Geduld
in der Liebe
in der Barmherzigkeit der Gnade GOTTES

Mama, ich danke dir, dass ich dein Erdensohn sein durfte.
ICH

29. Oktober 2010

Liebste und Allerbeste, allerbeste Freundin!
Meine liebe Mama!

Ich kann es jedes Mal kaum erwarten, dich auf diese Weise wieder zu „sehen". Es ist ein Fest der Freude für mich und besonders wertvoll. Schon alleine deswegen, weil ich es nie für möglich gehalten habe, dass es ein derartiges, ein solches „Wunder" gibt.

Es ist wirklich ein äußerst bejammernswerter Zustand, in dem man als Mensch leben muss. Absolut kein Zugang vom Verstand in die Vernunft, also vom Bewusstsein ins Unterbewusstsein – menschlich ausgedrückt. Dabei hat die Seele eines Menschen so viel an Wissen gespeichert, das irgendwo im Nirgendwo gespeichert und abrufbereit ist. Aber – wie das in dem jämmerlichen menschlichen Zustand so ist, bleibt das „Irgendwo" im „Nirgendwo", und der Großteil der menschlichen Exemplare dümpelt wie Karpfen im schlammigen Erdendasein. Ist das nicht ein wunderbares Beispiel – ich bin stolz darauf.

Jedoch es ist nicht so, dass alle „dümpeln", es gibt viele, sehr viele, die den Zugang zu ihrem Wissen sehr wohl haben und auch nützen oder es zumindest versuchen. Du als Mensch gehörst zu den begnadeten Menschenkindern, auch wenn du es jetzt kopfschüttelnd verneinst. Du hast Zugang und hast dir einen Großteil deines Wissens über die Barmherzigkeit in deinen irdischen Verstand geholt – nämlich die Nächstenliebe. Also das, was unser Bruder Jesus im irdischen Gewand den Menschen beigebracht hat. Gelebte und getane Liebe zum Nächsten, gleich welcher Rasse er zugehörig ist, gleich welche Sprache er spricht.

Du hast sie, deine Sprache des Herzens, die jeder versteht – so er es will – und die im Prinzip keinerlei Worte bedarf. Das ist dein Wissen, dein Weg in die GÖTTLICHKEIT der ALLMACHT. Für dieses, dein Erdenleben hast du dir diesen Wissensteil zu eigen gemacht, um ihn auch zu leben. Es ist nämlich nur dann sinnvoll sein Wissen aus dem „Nirgendwo" abzurufen, wenn man es auch aus der Theorie in die Praxis umsetzen will und kann. Das sind dann die Menschenkinder, deren Schicksal diese besondere Note haben.

Ich habe für mein Leben einen anderen Sinn aus meinem Wissen gefiltert: Ich wollte die Menschen aus den körperlichen Leiden befreien, damit sie unbelastet und frei nach ihrem Wissen leben und lehren können. Damit ihr Denken nicht ausschließlich auf ihr körperliches Befinden konzentriert wird, sondern dass sie sich auf die „höheren Werte" besinnen und dadurch beginnen, die GÖTTLICHE Vernunft zu leben. Das ist nämlich ein Teil dieser Schöpfung, die sich „Erde" nennt. Nur, ich war als Mensch mit meinem Können wahrscheinlich zu früh inkarniert oder überhaupt zu spät dabei.

Was auch immer ich mit meinem theoretischen Wissen in die Praxis umgesetzt habe oder hätte – der Großteil der Menschheit hat und hätte es in Fehlwissen umgesetzt und wieder ein „Riesengeschäft" daraus entstehen lassen, infolge möglicherweise sogar „Mord und Totschlag". Jetzt weiß ich auch, was geschehen hätte können, positiv oder im negativen Sinn, jetzt habe ich erkannt, dass eine wunderbare Begabung und GÖTT-LICHES Wissen in der Handhabung nicht immer zum Guten sich wenden – und schon gar nicht für die Menschen, die den Planeten „Erde" bewohnen.

Ich habe hier in meinem neuen Zuhause viele seelenverwandte Seelen getroffen, die unter der gleichen Erkenntnis stehen wie ich und die den irdischen Körper aus demselben Grund verlassen haben wie ich: Sie wollten „neu anfangen" – so wie ich.

Wir alle hier haben eines erkannt: Der Menschheit ist nicht im Großen – oder global – zu helfen. Hilfe geben ist eine der schwersten Ausführungen, die es gibt auf Erden. Hilfe zur Selbsthilfe jedoch ist das Wunder, das durchaus auf Erden wirksam wird. Sie beginnt im Kleinen und breitet sich infolge langsam aus und wird letztendlich flächendeckende Hilfestellung. So ist der Weg, so muss er gegangen werden. Nur auf diese Art und Weise steht er in der allumfassenden Wahrheit dieser Schöpfung Erde.

Du hast das erfasst und richtig umgesetzt.

Vielleicht werde ich – irgendwann – einen Neustart wagen und mich auf dieses Experiment einlassen. Vielleicht irgendwo, irgendwie! Aber bis zu dieser Entscheidung wird lange Zeit – Erdenzeit - vergehen. Und bis dahin freue ich mich auf deine Heimkehr hier bei mir. Und bis dahin schreibe ich dir voll Ungeduld lange Briefe. Denn – und das habe ich mit absoluter Sicherheit in meinem Wissen – du wartest ebenso ungeduldig auf diese, meine Worte.

Ich grüße dich in Licht und Liebe, in Freude und Frohsinn – und – ich schicke dir eine ganz menschlich liebevolle Umarmung.
Fritz

10. Dezember 2010

Meine allerbeste und allerliebste Herzensfreundin!
Hallo, meine liebste Mama!

Es ist ein wunderbares Wissen um die Wahrheit, wenn sie die Grenzen der Materie überschreitet und grenzenlos wird. Du weißt, wie es sich anfühlt, Antworten auf Fragen zu erhoffen und sie dennoch nicht zu erhalten. Die Grenzen sind es, die die Menschheit im Großen blockieren, dabei gibt es eine ganz einfache Möglichkeit, diese Grenzen zu eliminieren. Es liegt in der Vorstellkraft der Menschen, grenzenlos zu fühlen und zu denken.

Jetzt ist es auch mir klar geworden, wie einfach dieser Weg ist und wie ungleich schwer er zu gehen ist im irdisch-materiellen Körper. Also – bitte, fühle dich hinaus in das Universum, dann bist du bei mir!

Frage von Annemarie: Soll ich deinen Geschwistern von deinem jetzigen Leben erzählen?

Ja, meine Liebe, das ist mir sehr recht. Auch wenn sie dich – auf Grund deines Alters – als ein wenig eigentümlich betrachten könnten. Du legst Samenkörner an Wissen, die irgendwann ganz sicherlich zu keimen beginnen. Erinnerst du dich an den alten irdischen Schilling mit dem säenden, nackten Mann? Er hat mir so imponiert und wurde mir als Symbol unendlich wichtig. Ich wollte auch säen – ist mir auch gelungen – und meine „Saat" wird eines Tages aufgehen. Dieses Wissen ist Wahrheit und in der GÖTTLICHEN ORDNUNG.

(Die 1-Schilling Münze der Nachkriegszeit aus Aluminium zeigt einen nackten, säenden Mann aus einem Gemälde von Egger-Lienz. Diese Münze war bis zum Geburtsjahr von Fritz im Umlauf – er hatte sie in seinem Münzalbum).

Frage von Annemarie: Hast du überhaupt Zeit für mich?

Mama, rede mit mir soviel wie möglich und über alles, was dir am Herzen liegt. Hier in meiner Welt gibt es den Zeitbegriff nicht, daher habe ich „alle Zeit der Welt". Aber, wie steht es mit dir? Du hast akuten „Zeitmangel"! Hast du auch genügend Zeit für mich? Ich schenke dir viele Zeiteinheiten aus einer Welt, die keine Zeit kennt. (Du weißt, ich liebe diese Art des Denkens!)

Frage von Annemarie: Hast du Kontakte in deiner neuen Welt?

Pass auf, diese Antwort ist ganz einfach, wenn du richtig mitdenkst: Ich habe hier das Licht, in das eine Seele gehen kann, wenn sie hier ankommt. Wenn man „in das Licht" geht – so wie ich – kann man jederzeit wieder heraustreten. Im Licht lernt man, erkennt man, fühlt man, spürt man, weiß man. Mit all diesem Neuen, diesem Wunderbaren an Energie und Erkenntnissen kommt man wieder zu seinen noch lebenden Menschen und teilt ihnen das mit, was für sie wichtig ist.

Nach Wunsch und Willen kann man pendeln: Ins Licht, vor das Licht, in den Astralbereich usw. Genau das ist mein „Tun", ich bin „Pendler ins Licht – zum Licht". Das wird solange geschehen, wie es für mich von Wichtigkeit ist. Auf jeden Fall so lange, bis du bei mir ankommst – denn: Du bist ein Seelenteil, der unbedingt zu mir zurückkommen MUSS.

Dann „pendeln" wir gemeinsam solange, bis wir „hinter das Licht" gehen werden. Das ist der Weg zurück zur GÖTTLICHKEIT für mich, für dich, der Weg zu GOTT. Ein Weg mit vielen Begriffen in nur eine einzige ENERGIE. (Zu kompliziert? Ist ja auch noch nicht angesagt.)

Frage von Annemarie: Warum haben die Menschen soviel Angst vor dem Tod?

Mama, das ist dein Auftrag. Und sei nicht verzagt – sie warten alle auf eine Antwort, eine Erlösung aus der Unwissenheit, aus der Besorgnis, aus der Haftung heraus. Du bist eine derart starke Persönlichkeit voll Mut und Energie, voll Willen und Kraft – sie werden dir vertrauen. Manches Mal vielleicht nur zögerlich, aber es wird geschehen. Dieses Thema um den Tod, das Sterben, das „Weiterleben danach" – es ist kein unbekanntes mehr. Tu es einfach: Du bekommst Hilfe und Unterstützung aus allen Bereichen und DURCH MICH ganz besonders.

Frage von Annemarie: Wer sind die gleichgesinnten Seelen?

Es sind Weseneinheiten, die zum Großteil „Geschichte" geschrieben haben: Einstein, Marie Curie, Werner von Braun, Platon, Nobel usw. Seelen also, die als „Menschen" große Entdeckungen gemacht haben zum Wohle der Menschheit, die jedoch für die Folgen aus der Verantwortung genommen worden sind. Es ist die Sphäre der Wissenden und der Bekennenden. „Konfuzius" ist der dazugehörige „Meister". Ja, du kennst sie alle – aber nicht aus deinem gegenwärtigen Erdenleben!

Frage von Annemarie: Ich mache mir Sorgen um deine Söhne?

Mama, hab Vertrauen. Sie haben ihr eigenes Schicksal, und das wird geschehen. Sie haben – erinnere dich – einen guten und verlässlichen Schutz und: Es sind meine Energien, die in ihnen vorgegeben sind. Hab einfach nur VERTRAUEN!

Ich weiß, dass du dir in letzter Zeit sehr viel zumutest, dass du dich auf einem „neuen Weg" befindest, dass du von Gedanken und „Möglichkeiten" förmlich „überrollt" bist.

Du hast einen großen Vorteil in diesem Leben: Du hast das GÖTTLICHE WISSEN abrufbar gespeichert. In deinen Worten: Du bist in GOTTES HAND – WAS SOLLTE

DIR GESCHEHEN!

Ich grüße dich in Licht, aus dem Licht und in Liebe und
Freude … und mit einer ganz tiefen Umarmung!
Fritz

18. Jänner 2011

Meine allerbeste – allerliebste Herzensfreundin!
Meine geliebte Mama!

Es geht mir gut, es geht mir sehr gut, so wunderbar,
dass ich es, wenn ich könnte – am liebsten mit dir teilen
würde. Es ist hier so wunderschön, so ruhig und fried-
lich, dass es beinahe harmonisch ist.

Annemarie zu Fritz: Wenn wir uns sehen, werden wir tanzen.

Mama, weißt du, dass du, wenn du hier ankommst, deine bereits gewachsenen und somit vorhandenen „Flügel" gebrauchen kannst? Tanzen ist gut – fliegen ist besser – was willst du üben?

Es tut mir gut, eine strahlende Mama vor mir zu sehen.
Blitzende Augen, herzliche Freude und ein wunderbares Lächeln im Gesicht. Weißt du eigentlich, wie schön
du bist? Wie stolz ich auf dich bin, wie klein ich mich
oft neben dieser Mutter gefühlt habe? Wie groß der Berg
war, den ich überwunden habe, um neben dir stehen
zu können? Alles, was ich im Leben erreicht habe, ver-
danke ich dir, denn du warst mein Ideal, mein Idol. Nur
– dass du eine „Frau" warst, das war nicht so ganz ein-

fach! Ich wollte immer eine Gefährtin so wie dich. Ich glaube, da habe ich meine Wünsche zu hochgestellt. So eine Frau wie dich kann man nur als Mutter zur Seite haben – habe ich dir das eigentlich jemals kundgetan?

Jetzt muss ich dir aber allen Ernstes doch noch einiges berichten. Ich habe hier schon viele getroffen. All die „Verstorbenen", mit denen wir, du und ich – oder du – oder ich jemals zu tun hatten, **mehr** zu tun hatten. Das war öfter ganz erfreulich, nett, aber leider nicht immer. Man muss den Menschen, den lebenden Menschen klarmachen, dass sie nach dem Tod genauso sind wie auf der Erde. Mit allen Schwächen, mit allen positiven Eigenschaften.

Erst dann, wenn sie als Seelen – so wie ich – bereit sind, sich in den berühmten „Spiegel" zu schauen, kommt ihre wahre Gestalt zum Vorschein. Nein, nicht die Figur, sondern die Größe der Seele. Man muss – jeder muss „Rechenschaft" vor sich selbst ablegen und da gibt es nur Fakten. Keine Heuchelei, keine wie auch immer geartete Verschleierungstaktik. Da ist die Wahrheit angesagt. Die Wahrheit und nichts als die Wahrheit!

Warum das für mich so wichtig ist? Weil du mit sehr vielen alten bzw. nicht mehr ganz so jungen Menschen zusammenkommst und dieses Wissen weitergeben kannst. Dir hört man zu, auf dich hört man und man glaubt und vertraut dir. Das ist eine neue Aufgabe für dich, wenn du es so sehen willst. Keine spektakuläre, nur eine kleine, aber eine der allerwichtigsten. Dafür stehen dir viele Helfer zur Seite, du brauchst nur dein JA dazu geben. Ich würde auch dabei sein. Dann könnten wir gemeinsam etwas tun und damit gemeinsam

„helfen". Du sagst es ja selbst: Gott sei Dank gibt es Menschen mit dem Helfersyndrom! Ich ergänze: Gott sei Dank gibt es Geister mit dem Helfersyndrom!

Und weil wir sicherlich – ich kenn dich ja – jetzt einer Meinung sind, bekommst du den „dicksten Kuss" deines Lebens! – mit dem feinstofflichsten DANKE versehen. Ein unsichtbarer Orden wartet auf dich – nimmst du ihn an?

Also, meine geliebte Mama – gibt es etwas Herrlicheres als die Beziehung einer Erdenmutter mit ihrem Geistsohn?

Ich hab dich unendlich lieb.
Fritz

7.März 2011

Meine geliebte Mama!

Es geht mir so gut, wie es einem Menschen auf Erden – sei er, was er wolle, nie und nimmer gehen kann – es ist ein himmlisches Gefühl als tot zu gelten und dabei so lebendig zu sein.

Ich habe und hätte nie gedacht, dass es diese „andere Welt" wirklich gibt. Denn, wenn man als Mensch dieses Wissen offengelegt bekäme, dann würde keiner jemals auf der Erde bleiben. So gesehen hätte die Erde die Chance, die Menschheit zu überleben! Ich fühle mich zufrieden, glücklich, in Harmonie mit der Ewigkeit verbunden und möchte nie, niemals wieder in die Trost-losigkeit des Lebens zurück. Ich will hierbleiben, die Weiten des Weltraumes erkunden und die Großartig-keit der Schöpfung erkennen.

Und – glaub mir – die Schöpfung ist großartig. Da sind die Ameisen namens „Erdbewohner" nur ein kleiner Anteil, der in meinen Augen nicht so ganz „gelungen" ist. Die Ursache für diesen Ameisenhaufen habe ich noch nicht erkannt. Aber du weißt, ich lasse nicht locker und suche so lange nach Lösungen, bis ich sie finde!

Du willst wissen, ob ich hier Familienangehörige getrof-fen habe. Weil du es so willst, gehe ich auf die Suche. Wir machen das jetzt gemeinsam. Du weißt ja, ich bin da nicht so bewandert. Mütter und Frauen sind da sattelfester.

Frage von Annemarie: Hast du Gertrud[4] getroffen?

Nein, ich habe sie noch nicht getroffen, habe sie aber auch nie gesucht. Ich weiß ja, wie schwierig dein Ver-hältnis zu ihr war. Mich hat sie schon gemocht, aber du bist mir wichtig. Jetzt gehe ich auf die Suche nach ihr. Da wird mir ein Bild eingespielt: Sie ist in einer Gegend, die trostlos ist. Da ist keine Wärme, nur Kälte. Und da ist auch niemand sonst, den ich kenne. Sie lehnt alles ab, will keine Hilfe und auch keine Unterstützung. Sie war-tet augenscheinlich auf etwas Bestimmtes, äußert sich aber nicht. Ich gebe mich nicht zu erkennen, ich will das nicht. Wenn ich zu ihr gehe, dann lässt sie mich womög-

---

[4] Gertrud, Annemaries Mutter

lich nicht mehr fort. Du weißt, ich habe ein gutmütiges Herz, aber das will ich nicht. Sie ist mir so fremd, ich glaube nicht, dass ich ein Gefühl für sie habe. Also: Sie ist in einer gefühlskalten Region, sie hat keine Wärme und ist irgendwie gestaltlos.

Manchmal ist es besser, die „Toten" in Ruhe zu lassen, genau das tue ich jetzt. Vielleicht kannst du an sie näher heran. Immerhin war sie deine irdische Mutter – aber sie hat keine Liebe in ihrer Ausstrahlung!

Frage von Annemarie: Hast du Großpapa schon getroffen?

Habe ich dir nicht gesagt, dass wir oft miteinander sind? Wir führen die Gespräche, die du nicht willst. Er ist aber kein Großvater für mich, er ist ein guter, mir seit Ewigkeiten bekannter Seelenfreund. Ich denke, wir hätten uns gut verstanden als Erwachsene – sollte wohl nicht sein. Manchmal trifft man sich auf der gleichen Ebene und erkennt die Seelenverwandtschaft. Er ist freundlich und erinnert sich gut an dich. Er wusste immer, dass du „Mut für zwei Männer" hattest und dich in allen Situationen des Lebens durchsetzen wirst. Du bist wie eine Katze, die immer auf ihre vier Pfoten fällt. Kein Wunder, denn dein „Steuermann" ist reine GÖTTLICHE GNADE. Ja, gell, jetzt schaust du ganz schön!

Frage von Annemarie: Warum durfte ich nie über meinen älteren, als Kind verstorbenen Bruder sprechen?

Dieser Tod hat das Herz deiner Mutter zerrissen. Sie ist nie darüber hinweggekommen. Vielleicht wartet sie auf ihn. Aber er ist längst wieder auf der Erde. Nicht in deiner Familie, weit weg. Vielleicht wäre es gut, wenn du das der Großmama erzählst, dann weiß sie, woran sie ist. Wenn sie es hört, kann sie eine Entscheidung treffen. Also, bitte, hilf ihr in diesem Bereich!

Frage von Annemarie: Fritz, warum hast du so wenig geredet?

Das ist ganz einfach: Jetzt kann ich reden, weil du nicht, weil niemand unterbricht, Fragen stellt und – weil Mütter keine Vorahnungen haben und Ermahnungen machen können! Nein, im Ernst! Es gab nicht viel zu reden. Du warst mit meiner Art mein Leben zu leben nicht ganz einverstanden. Ich wollte keine Diskussionen, mein Kopf war voll mit meiner Arbeit, deiner voll mit deinem Tun – wir haben uns geliebt, tun es immer noch – und reden Männer viel, dann sind sie meistens „Schwätzer" – oder?

Ich bin froh, dass es dir wieder besser geht. Es hat beinahe schon so ausgeschaut, als ob du hier eintreffen würdest. Aber das war keine gute Idee (deine Idee!), denn du musst noch einiges tun. Nein, du wirst nicht gebraucht, du musst einfach noch einiges tun. Der Unterschied ist der, dass die Menschen nicht auf dich zukommen, sondern dass du auf die Menschen zugehst. Das liegt an der Hand, an der du gehst und die dich zu den Betreffenden bringt. Also: Es gibt noch viel zu tun und ich habe „alle Zeit des Universums", auf dich zu warten.

Jetzt bekommst du eine Million – plus/minus – Küsse des Sohnes auf die Mutterstirn und dergleichen mehr, ein noch dickeres Bussi auf dein Herz von deinem dich liebenden Sohn.
Fritz

19. April 2011

Weißt du, dass du der größte Schatz in meinem Leben warst, der Mensch, der mich nicht nur durchs Leben geführt hat, sondern auch der Mensch, der mir die Wertigkeit im Leben, meines Lebens gezeigt hat, weißt du … du, meine geliebte, allerbeste Mutter auf der Welt!

Und weißt du, dass ich dich nicht nur als dein Sohn geliebt habe, sondern auch in deiner Seele zu Hause sein durfte und darf und in alle Ewigkeit dürfen werde … weißt du, was du für mich bist – ja, du weißt, und wenn nicht bis zum heutigen Tag, dann ab dem heutigen Tag … MEINE MUTTER!

Es tut so gut zu wissen, dass es mich für dich noch gibt, jedoch es ist noch viel besser zu wissen, dass du noch für mich da bist. Es gibt nämlich hier – in meiner Welt – nichts Grausameres, als an ein Menschenherz zu klopfen und keiner hört, spürt, sieht oder fühlt die Seele des Toten. Es ist nicht nur grausam, es ist ein ewig andauernder Schmerz, der keine Hoffnung in sich birgt. Ich hab sie alle, all die vergeblich Anklopfenden, hier in meiner Nähe. Ich sehe und spüre ihre hilflose Verzweiflung der Ausgeschlossenheit, des „Tot Seins", des „Nicht mehr Dazugehören". Wenn es Tränen in Seelenaugen gäbe, dann würden Flüsse zur Erde strömen, wenn die Hoffnungslosigkeit Laute hätte, würden die Schreie der Verzweiflung die Erde erschüttern.

Darum, du Herzensgute, ist es so von übergroßer Wichtigkeit, die Menschen auf UNS aufmerksam zu machen – und du tust das, denn du hast den Mut und die Kraft dazu.

Und weil es so wichtig ist, die Menschen auf etwas aufmerksam zu machen, bin ich großteils dein ständiger Begleiter und unterstütze dich, wie und wo es mir gegeben ist: Mit Licht, mit Liebe, mit „Engelsenergie" – du weißt ja, was das bedeutet. Es bedeutet die Realisierung der Worte unseres Bruders JESUS: Was ihr dem Geringsten unter meinen Brüdern getan, das habt ihr mir getan … (schlecht übersetzt, die Schwestern gehören auch dazu). Und du, du tust und tust und tust und wirst bald heller leuchten als der stärkste Scheinwerfer in bitterkalter, dunkler Winternacht.

Du wirst geliebt und ich wünsche dir an deinem irdischen „Ehrentag", dass du all die Liebe spürst, die dich mit hellem Licht umgibt. Und sag jetzt ja nicht, dass das nicht so wichtig ist, denn helfen und Hilfestellung geben dort, wo es am allernotwendigsten ist, ist die größte Selbstverständlichkeit der Welt auf Erden unter den Menschen. Ja, doch, es stimmt, aber es funktioniert halt nicht immer.

Und – noch etwas – meine Stunde war da, das weißt du, aber denk einmal daran: Was täte ich hier jetzt ohne dich, wo ich doch „aussteigen" wollte, wo ich ein „besserer Mensch" werden wollte, wo ich alles, aber auch alles „so ganz anders" machen wollte. Alle meine Wünsche, meine Erwartungen haben sich auf eine „etwas andere Art" erfüllt – zu deinem Schmerz, deinem Leid, aber zu meinem Guten, auch wenn es weh tut. Nun sind wir unzertrennlich, der kleine Fritzi und seine Mama. Ja, wir sind unzertrennlich, und das ist für mich das schönste Geschenk, das mir jemals widerfahren ist. Ich liebe dich so sehr, aber das spürst auch du!

Frage von Annemarie: Kannst du deinen Söhnen und ihrer Mutter weiterhin helfen?

Weißt du, wenn einer aus der Familie im Positiven „nach hier" geht, dann geht seine irdische Liebe auf die anderen, die Zurückbleibenden über – bei uns funktioniert das ganz gut.

Nur bei der Mutter meiner Söhne nicht, da hat das „guter Mensch sein" nicht so recht funktioniert. Aber – ich wollte auch als Mann etwas Positives tun. Ob es gelungen ist, wird sich erweisen, wenn sie hier ankommt, wenn der Schatten auf ihrer Seele sich löst und sie ihre wahre Existenz zeigt. Zu wessen Besserem wird sich auch dann erweisen. Du weißt ja – hoffentlich – eine Erfahrung ist immer ein Lernprozess – warten wir es ab.

Frage von Annemarie: Du warst doch mit deiner Freundin Andrea so glücklich, warum habt ihr euch getrennt?

Diese Frau habe ich immer auf meine Weise geliebt und wir hätten uns nicht trennen müssen. Aber Menschen verstehen nicht viel von Liebe und Geduld, Menschen nicht und Männer schon gar nicht. Ich denke, ich bin ein geborener „Single" (Eremit, Einsiedler), aber es ist nicht sinnvoll jetzt, in meinem Zustand, darüber nachzudenken. Sie ist ein wertvoller Mensch – sag es ihr, wenn es möglich ist. Und – ich will mich bei ihr entschuldigen, wenn das irgendwie geht.

Danke für deine Liebe, deine Treue, für dein „Da-Sein".
Fritz

25. Mai 2011

Geliebte, allerbeste Freundin!

Es geht mir sehr, sehr gut, auch wenn man es in irdischen Erklärungen nicht beschreiben kann – es geht mir gut, jedoch: Es ist einfach anders. Körperlos zu existieren hat nichts zu tun mit dem, was die Menschen als „leben" bezeichnen. Alle Grenzen sind aufgelöst, alle Bedingungen des irdischen Daseins sind hier in meiner Welt lediglich Erfahrungen und Teilerkenntnisse, deren Zugang zum Wissen erst begriffen werden muss – schwierig, ja, äußerst schwierig im irdisch-menschlichen Denkvermögen und auch nicht genau zu erklären. Ich bin, weil ich existiere – ich existiere, weil ich weiß – ich weiß, weil ich existiere. Ein Kreis, eine Kreisgleichung im mentalen Bereich. Es ist alles übergeordnet, es ist spannend, es ist – in deinen Worten – faszinierend.

Mein Unfalltod hat dir eine Türe geöffnet, eine Mauer gesprengt und das Dach über deinem Wissen hat eine große Luke weit aufgemacht. Nun stehst du im GÖTTLICHEN LICHT. Und das ist beileibe nicht das Licht **einer** Glaubensrichtung. Es ist das Licht der Weisheit und GOTT ist Weisheit.

Somit stehst du im Licht GOTTES und bist wieder ein Teil dessen. Merkst du es: Wieder im Kreis, diesmal aber mit Fläche. Es ist schon so, wie es gesagt wird: Alles ist

GÖTTLICHE GEOMETRIE.

Mama, jetzt bekommst du dein „Brieferl", aber vorher musste ich dir das mitteilen, es ist wichtig!

Es ist nicht gut für dein irdisches Herz, wenn du dich aufregst. Du musst gut auf dich achtgeben, denn du hast dir noch sehr viel vorgenommen – auch wenn du es nicht so ganz glaubst! Die Aufregungen rund um meine ehemalige Existenz als Mensch sind wie kleine, giftige Pfeile in deiner Gefühlswelt, auch wenn sie nicht unbedingt mich betreffen. Aber du stehst so sehr in **deinen Gefühlen**, dass dich jede andere Form förmlich aus der Bahn wirft. Das meine ich damit.

Du musst wissen, dass jedes Familienmitglied meinen Gang aus dem Leben anders empfindet und auch auf verschiedenste Weise damit umgeht. Ich fehle ihnen – stimmt – das ist auch in Ordnung. Dieser Verlust hat ein mehr oder minder großes Loch in ihr Leben gerissen. Das ist ganz normal für den menschlichen Sinn. Aber für dich ist es nicht nur ein Verlust und ein Loch – ein großes – in deinem Leben, für dich ist der größte Teil deines Herzens gerissen (dazu müsste ich jetzt Worte finden, die es nicht gibt). Das ist wie eine Amputation eines Gliedes. Aber wie amputiert man einen Teil des Herzens? Sie denken sicher nicht darüber nach, für sie ist der Alltag wiedergekehrt. Sie spüren deine Veränderung und – verstehen, nein – begreifen sie nicht. Aber das geschieht alles über das Unterbewusste – somit entsteht eine Hochspannung und – es gibt einen Streit. Einen ganz unwichtigen Streit und keiner weiß im Prinzip warum. Darum ist es besser, derartige „Gedenktage"

nicht zu feiern. Dazu seid ihr alle zu unterschiedlich!

Das ist mein Wissen, du kannst es annehmen, musst es aber nicht. Du hast deinen eigenen, freien Willen und der ist – bekannterweise – sehr, sehr stark. Stell ihn mir zur Verfügung, dann machen wir beide und mein Freund ihn zum festlichen Gedenktag. Er hat es – so wie du – begriffen und verstanden, wie der Tod als Verlust zu fühlen ist. Aber das weißt du ohnehin. Und – ich lass ihn auch grüßen. Sag es ihm ruhig. Auch wenn er einen „Schock" bekommt. Mal sehen, was stärker ist, die Neugier auf meinen IST-Zustand oder die Angst vor Geistern. Sag es ihm einfach, er weiß, was ich meine!

Frage von Annemarie: Ich werde deinen langjährigen Mitarbeiter treffen. Soll ich ihm von dir erzählen?

Du, das weiß ich, er ist schwer in Ordnung. Aber ich weiß, dass er an diese Dinge nicht glauben kann (oder will oder Angst hat) und dass ich bei einer Zusammenkunft fehl am Platz bin. Ich habe doch alles Irdische zurückgelassen und aufgegeben. Mir fehlt jetzt der Zugang zu unserem ehemaligen Tun und stören will ich auf keinen Fall. Es ist vorbei und du weißt: Was war – war und ist gewesen. Falls er sich doch für unsere neue Gemeinsamkeit interessiert, dann, ja dann ist es etwas anderes. Ich verlasse mich dabei auf deinen unerschütterlichen Willen!

Nein, Mama, nicht durch mich bist du jetzt in dieser Schwingung, auch nicht durch die, die schreibt. Es ist deine Voraussetzung gewesen von Anfang an in vielen deiner Erdexistenzen. Auch diesmal und diesmal ist es gelungen – wenn auch schmerzlich. Aber all dieses Wissen ist tief in dir verankert seit Ewigkeiten, so wie es in vielen Menschen verankert ist. Hervorgeholt und verwendet wird es erst dann, wenn es notwendig ist. Nicht nur, um dir dein zerrissenes Herz einigermaßen zu flicken, sondern auch, um dieses erlebte Wissen weitergeben zu können. Jetzt ist es soweit, jetzt ist die Reife der Zeit. **Der** Zeit, Mama, nicht deiner Zeit. Also bedanke dich bei dir und deinen geistigen Helfern. Es war schon ein hartes Stück Arbeit, nun das alles in Gang zu halten und zu setzen. Aber du bist ein „Fossil aus Wissen und Weisheit" und nicht außer Gang zu bringen.

Ich liebe dich.
Fritz

4. Juli 2011

Meine liebste Freundin und Kameradin!
Meine geliebte Mama!

Es ist ein gutes Gefühl zu wissen, das heißt im Wissen zu haben, dass es eine Verbindung zwischen den Welten gibt. Materie ist nicht alles, ist nicht das Allein-Seligmachende, Materie ist lediglich die Grundbedingung für das Leben in dieser Schöpfung. Die Schöpfung ist das, was die Astronomie als „unsere Galaxie" bezeichnet. Aber sie ist nicht allumfassend, sie ist lediglich vorhanden. Allumfassend ist die Energie, aus der die Materie zusammengesetzt wird. Du bist noch Materie, aber dein „Sein" ist reine Energie, und das ist die Verbindung, der wir in Wahrheit angehören. Materie ist die

Grundbedingung in dieser Schöpfung Erde, Energie ist ihr Ursprung.

Ja, ich weiß, dass ich dir mit dieser Epistel ein wenig „auf die Nerven gehe", aber sie muss sein, denn du willst und wolltest immer alles „verstehen", auch wenn dir deine „Lebens-Muster" am vernünftigsten erscheinen. In einer Welt, in der sich alles auf den Kopf gestellt hat, in der man sich nirgendwo mehr festhalten kann und in der es beinahe keine Werte mehr gibt, sind die eigenen Muster noch am sichersten – so denkt wohl jeder ältere Mensch, auch du. Aber das alles stimmt nicht ganz, denn es entstehen derzeit auf der Erde Ideologien, neue Muster und ich habe große Hoffnung, dass sie eine positive Wende bringen.

Nur gegenwärtig herrscht rundherum Chaos, denn die alten Muster – sie sind ebenfalls Energiegebilde – wehren sich ob ihres Abganges. Sie zu transformieren ist Schwerarbeit, das heißt: Sie in positive Schwingungen umzuwandeln, ist eine große Aufgabe für die Menschheit. Und wie du aus deinem eigenen Umfeld schon erkannt hast, ist nicht jeder von den Menschen bereit, das zu tun.

Aber auch du weißt, dass die Liebe, die Nächstenliebe in der kleinsten Zelle beginnen muss: Im Menschen selbst, dann in der irdischen Familie, dann sich ausbreitend ins Umfeld und so weiter. Sieh dir deine eigene Familie an, da beginnt schon die Gegenenergie. Das ist weiters nicht schlimm, es gehört zum Entwicklungsprozess „raus aus dem Chaos". Du hast bereits den Grundstein gelegt, aber du weißt, wie schwer es ist, in Einigkeit ein Gebäude zu bauen, eine Idee zu verwirklichen, ein einziges Gebot aus zehn vorhandenen in die Realität umzusetzen. Dazu gehören Tapferkeit – und Mut und – GOTTVERTRAUEN – und diese Voraussetzungen hat noch nicht jeder.

Also, was ich dir sagen will: Sei du so, wie du bist, wie du sein willst und wirst, denn du bist eine Pionierin in Sachen Nächstenliebe. Glaub und vertrau mir, alles wird gut – aber es braucht auch ein klein bisschen mehr Zeit in der Unendlichkeit. Der Weg zu GOTT ist ein endlos langer, für manche Menschenfüße einfach nicht so leicht zu gehen.

Ich danke dir für deine Liebe und deine Treue und freue mich unendlich auf dich, dein Fritz.

11. August 2011

Meine geliebte Mama!
Meine allerbeste Kameradin!

Ich weiß nicht, wie ich es dir sagen soll, weil ja geschriebene Worte keinen Klang haben. Aber stell dir vor, ich rede mit dir. Ich sitze dir gegenüber und halte deine Hand in der meinen. So, wie du es dir so oft gewünscht hast, als ich noch dein menschlicher Sohn, dein Kind gewesen bin.

Ich halte also deine Hände in den meinen und du stellst mir die Frage: „Soll ich dich loslassen, damit du deinen eigenen Weg gehen kannst?" Dabei krampft sich dein

Herz zusammen, weil du ja denkst, du würdest mich endgültig verlieren, jeglichen Kontakt verlieren. Dann wäre ich wirklich tot – aber das geht nicht, das geht wirklich nicht. Denn es gibt keinen endgültigen Tod, also kannst du mich nicht endgültig verlieren.

Und loslassen, was soll das denn. Hast du mich an einer Leine oder bin ich gar an dich gekettet. Das ist doch wirklich eine der großen Unsitten, dass die Menschheit glaubt, sie hätten auch noch Macht über die Toten und deren Seelen.

Oh ja, es gibt Vereine, die das gerne hätten – aber ich will dich jetzt nicht verletzen – damit sie ihre Macht noch mehr ausdehnen und über die Menschheit legen können. Denn wenn man die „Toten" loslässt – wie gewünscht – dann gäbe es natürlich keinen Kontakt mehr zu ihnen und so manche Wahrheit würde weiterhin verschwiegen werden. Ebenso wie Wahrheiten unter dem Schleier des Nichtwissens gehalten werden, würden noch größere Lügen eskalieren, würde noch mehr Heuchelei unter die Menschheit gestreut werden. Alles so, wie es seit beinahe 2000 Jahren erfolgt ist, mit großem Erfolg getan worden ist. Bis eben jetzt, wo die Menschen sich aus der Macht eines spinnennetzartigen Lügengewebes loslösen können.

Die Wahrheit ist: Jeder kann jeden loslassen oder nicht, das ist von gleicher Gültigkeit. Denn jeder hat das Recht auf freie Entscheidung. Der Lebende genauso wie der Tote – auch wenn er keine irdisch-materielle Bindung mehr hat.

Da es ja in meiner Welt keine Zeit gibt, gibt es auch nicht den sogenannten „Raum". Man ist, wo man ist, so ist das Leben der Seele – und genau das kann ich dir nicht besser erklären. Weltliche Denkweise ist meistens unangebracht, weil sie nicht mehr stimmt. Ich bin einfach in deiner Nähe und auch nicht – aber du kannst mit diesen Fakten nicht viel anfangen. Da ist schon der gute Einstein drüber gestolpert und jetzt stolpert wieder einer. Tot sein kann man nicht fixieren, genauso wenig wie das Universum. Loslassen ist nur ein Begriff, der das eigenständige Denken des Menschen blockiert, weil man als Mensch nur das loslassen kann, was man angreifen und halten kann.

Mama, so viele Worte wegen eines einzigen Wortes. Denk nicht darüber nach, denn ich sitze in deinem Herzen und hab dich unendlich lieb. Leider muss ich tot sein, um das sagen zu können. Manchmal sind Menschen „saudumm" – aber man kann es gutmachen, wenn man tot ist. Ist doch etwas – oder?

Danke, dass du immer in Liebe an mich denkst und dich mit unserer körperlich-räumlichen Trennung irgendwie abgefunden hast – das tut mir gut, denn ich hatte bis jetzt schon ein wenig schlechtes Gewissen. DANKE.

Ja, ich weiß, dein geliebtes Mutterherz ist auch jetzt noch voll aktiv. Nicht nur für mich, auch noch für die vielen anderen, die sich auf deine Unterstützung verlassen. Aber das musst du loslassen, diese Menschen **musst** du langsam aber sicher loslassen. Denn sie müssen irgendwann demnächst ihr Schicksal selbst in die Hand nehmen und beweisen, dass sich in ihnen eine Art

Gottvertrauen aufgebaut hat. Und dieses Vertrauen basiert auf das Vertrauen in ihre eigene Kraft, Stärke und in ihren eigenen Willen.

Sollte das in diesem Leben noch nicht so richtig funktionieren, dann ist es ein großes Depot für neue Existenzen. Wo, weiß noch keiner, wann auch nicht. Aber sie haben gelernt, dass es Nächstenliebe gibt, dass durch Krieg Frieden entstehen kann und dass ein Feindbild zum Freundbild werden kann. Das alles hast du ihnen vorgelebt und beigebracht – mehr ist es nicht, weil es schon das Allermeiste ist, und noch mehr kann es nicht sein, weil es mehr nicht gibt. Du bist ihr „Engel in Menschengestalt", aber bevor es zur Gewohnheit wird, musst du es „loslassen"!

Ein dickes Sohnesbussi auf Mamas Wange! Und – im Übrigen – MIR GEHT ES GUT.
Fritz

15. September 2011

Meine wundervolle Kameradin!
Meine einzige Mama!

Ich höre so gerne deinen Gesprächen zu und bewundere deine Ausdrucksweise. Du lebst deine Worte, du strahlst und leuchtest, wenn es einen dazugehörigen Anlass gibt, und du wirst zum strengen Richter in unfairen und missbilligenden Situationen – aber, du leuchtest in Liebe und noch einmal in Liebe. Es ist sehr schade, dass du deine Seele nicht in einem Spiegel sehen kannst – die reinste Lichtwerbung.

Also, ich bin sehr oft in deiner Nähe, wie du längst weißt, und ich genieße jeden Augenblick unserer Gemeinsamkeiten. Außerdem – es ist so faszinierend dir zuzuhören, wenn du mit dieser herzlichen Selbstverständlichkeit über mich und meinen gegenwärtigen Zustand erzählst. Es ist so wenig Zeit seit meinem Heimgang vergangen und dennoch hat es das Gefühl der Zeitlosigkeit. Danke dafür, dass du mich so sehr in deinem Herzen trägst!

Hier geht alles seinen geregelten Gang. Es ist eine körperlose Welt aus Energien, in der ich jetzt meinen Aufenthalt habe, aber es ist mit großer weltlicher Anpassung verknüpft. Seelen kommen und gehen, verweilen oder bleiben fest verwurzelt und erwarten sich das große Wunder der „Engelswerdung". Nun, du weißt ja, Wunder geschehen eher selten, sie sind mehr oder minder mit harter Arbeit verbunden. Harte Arbeit ist hier die Arbeit an sich selbst und an den Erkenntnissen aus der eben beendeten irdischen Vergangenheit.

Nicht ganz einfach, denn das Wissen dazu ist mitgebracht. Und du kannst dir vorstellen, welch „krause" Gedankenwelt da zum Ausdruck kommen kann. Alles ist möglich, alles kann geschehen – nur die Wunder, die sind eher nicht zu erwarten. Natürlich können die wissenden Seelen gleich „weitergehen", aber viele verbleiben trotzdem hier. Viele aus dem Grund der Nächstenliebe, denn die Liebe unseres Bruders Jesus ist hier allgegenwärtig. Und da ist es wiederum selbstverständlich, dass man zu helfen bereit ist, dass man helfen will.

Da gilt der Satz aus dem Buch der Bücher: „Das, was ihr dem Geringsten unter mir getan, das habt ihr mir getan …". Es ist schon sehr wichtig, das zu beachten. (Ich bin mir jetzt über mein Zitat nicht ganz sicher, aber du weißt bestimmt, was ich meine!) Manches Mal ist die auf der Erde ausgeübte Religion ein großes Hindernis, aber hier bei mir sind die bereits einigermaßen „Aufgeklärten" anwesend, da tut sich dann doch einiges.

Es ist wie ein neuer Schulanfang für die Seelen und ich will von Anfang an mitmachen. In mir ist so viel an Wissen, so viel an Weisheit, so große Erfahrungswerte sind vorhanden. Ich muss das alles ordnen und in die richtige, weil wahrhaftige Ordnung bringen. Es ist Wissen da, das weitervermittelt werden soll, es ist die Weisheit um die Schöpfung in mir, die mir sagt – tu es von Anfang an und lass alle daran partizipieren und – so viele Erderfahrungen aus längst vergangenen Erdenleben – alles muss geordnet werden, und das ist „geistige Schwerarbeit". Aber es soll so laufen, denn: Ich will mir Rechenschaft über mich geben und eine klare Richtungsweisung aufbauen. Ich weiß, wer ich bin und weiß um meinen Weg zurück in die GÖTTLICHKEIT. Das muss sorgsam bedacht werden, denn die Erdenschule ist für mich beendet.

Und du kennst deinen Fritz: Gut Ding braucht Weile, also beginne ich da, wo alles anfängt – in deiner Nähe und deiner Liebe. Wenn ich zurückdenke, bin ich meinem Schicksal unendlich dankbar, dass es mir ein neuerliches „Nicht-Weiterkommen" erspart hat, dass mir deutlich klargemacht wurde, dass ein Erdenweg nicht vom Erfolg, sondern von der daraus entstehenden Er-

kenntnis abhängt. Und dass ein Erdenleben dann beendet werden kann, wenn sich der Weg in das Ziel mit
einem Mal spaltet – dann ist endgültig Schluss mit „irdischen Schulaufgaben" – so ist es bei mir geschehen.
Der Weg ist nur dann das Ziel, wenn er im Ziel die Erfahrung gegen die Erkenntnis tauscht.

Na, Mama, hast du jetzt genug von der „himmlischen
Philosophie" und raucht dir dein Kopf? Aber du sollst
ja meine Erkenntnisse schon wissen, denn wir haben
doch einen gemeinsamen Weg, auch wenn diesen Weg
jeder von uns einzeln geht. Weißt du noch: Gottes Wege
sind wunderbar? Und dem kann ich nur zustimmen.
Sie sind wunderbar, alle diese Wege, denn sie haben ein
einziges Ziel – auch wenn sie oftmals unendlich lang
und schwierig zu gehen sind.

Ich liebe dich sehr, deinen Mut, deine Tapferkeit, deine
Stärke, deine Willenskraft und – deine Liebe zu allem
und jedem!

Danke von Herzen, dass du meine Erdenmutter warst.
Fritz

20. Oktober 2011

Meine geliebte, allerbeste Freundin – meine Mama!

*Frage von Annemarie: Warum hat mich der Roma-Obmann
so enttäuscht – warum der Betrug?*

Mama, du lernst es nie, du wirst es auch nie begreifen

können, nicht einmal verstehen. Die menschliche Natur mit all ihren Schwächen und Fehlleistungen – diese Art der menschlichen Charaktere ist nicht in deinem Verstand als Programm enthalten. Und all das, was nicht im Gehirn „programmiert" ist, kann der dazugehörige Mensch nicht umsetzen.

Das bedeutet: Du wirst nie verstehen, warum die dunkle Seite im Menschen aktiv ist, wo es doch die helle Seite der Erkenntnis gibt. Ja, es gibt sie, die helle Seite, aber nicht für jeden. Und in deinem Verstand ist die dunkle Seite nicht vorhanden. Deshalb: Du kannst sie nicht verstehen. In deiner Seele ist sie ebenfalls nicht existent: Du kannst die dunkle Seite nicht begreifen! Also gib dir keine Mühe, diese Menschen zu verstehen. Du wirst es nicht können – auch wenn du dich hineinsteigerst. Du hilfst den Menschen als Hilfe zur Selbsthilfe. Aber, du hilfst ihnen nicht dabei, bessere Menschen zu werden. Du zeigst ihnen Möglichkeiten auf, gibst ihnen Beispiele, lebst ihnen die Nächstenliebe vor – aber, du wirst sie nicht so schnell ändern.

Dein geliebter Bruder JESUS versucht das seit nunmehr 2000 Jahren – auch seine Erfolge halten sich immer noch in Grenzen. Also, sei nicht enttäuscht, Gott hat die Erde auch nicht in den berühmten sieben Tagen erschaffen. Und – du bist bloß ein Samenkörnchen aus der GÖTT-LICHKEIT. Die Menschheit braucht dringend ein paar Wunder. Ich jedoch befürchte, sie würde diese nicht einmal bemerken, aber meine Meinung zählt nicht, ich bin ja aus dem System rechtzeitig ausgestiegen. Und – es geht mir ausgesprochen gut damit.

Frage von Annemarie: Willst du weiter mit mir in Kontakt sein oder halte ich dich auf?

Natürlich will ich, dass du weiterhin mit mir in Kontakt bleibst. Das ist so eine Art „Wunder" und es soll zur Tradition werden.

Frage von Annemarie: Kannst du deine Geschwister auch so liebhaben und kontaktieren und ihnen helfen?

Das ist vielleicht eine Frage. Aber es ist selbstverständlich, dass du diese Frage auch stellst. Du bist ein geliebtes „Muttertier" und all deine „lieben Kleinen" liegen dir sehr am Herzen. Du willst sie in guten Händen wissen, also folglich in den meinen.

Nun, sie sind in besten „Händen", nicht in den meinen, aber die sind auch nicht das Um und Auf aus der anderen Welt. Nur – alle deine noch lebenden Lieben haben „so viel zu tun" und sind „so mit sich beschäftigt" – da habe ich keinerlei Möglichkeiten, eben nur äußerst wenige. Für sie bin ich „nicht mehr da", sie vermissen mich manchmal, das weißt du, und denken an mich, wenn es ihre Zeit erlaubt. Aber – ich bin nicht mehr da, und das ist ausschlaggebend. Ich bin Vergangenheit und habe in Gegenwart und Zukunft keine tragende Rolle mehr. Bei dir ist das anders – aber du bist immer noch meine Mutter, das zählt. Das musst du verstehen, ja!

Frage von Annemarie: Forschst du noch weiter?

Ja, das tue ich. Nur müssen wir umdenken. Die Menschen müssen erst lernen, dass „leben" auch „Verantwortung für sich und andere" heißt. Leben muss man bewusst in Verantwortung.

Dazu gehören die Worte aus den zehn Geboten und die daraus folgenden Tendenzen. „Du sollst nicht töten" ist der Schlüsselsatz. Aber getötet wird auch in Worten und Gedanken. Das ist ein großer Lernfaktor für die Menschheit. Ebenso das Lügen und die Heuchelei, die Gier und der Größenwahn. Neid und Eifersucht – es geht noch weiter, aber das genügt auch als Erklärung. Ich war zu früh in meiner Vorstellungskraft. Tut aber nichts zur Sache. Das „himmlische Bio-Programm" basiert auf Seelen, die im irdischen Gewand als Vertreter dieser „10 Gebote" auftreten werden. Da gehöre ich dazu – folglich bin ich schwer am Lernen. Und – wie steht's mit dir? Wirst du mitmachen? Dann besorge ich jetzt schon „Unterlagen" für dich und heb sie sorgfältig auf bis zu deiner Ankunft. Warte – lass dir Zeit – du kannst in Ruhe überlegen.

Spaß beiseite – ja, ich arbeite hier sehr viel und habe große Unterstützung dabei. Aber niemand von der Erde, da ist noch zu viel irdisch-materielles Denken vorhanden. Ich habe eine Ausnahmestellung, weil ich auch als Mensch die Unmöglichkeit des Möglichen erkannt habe. Musst du nicht verstehen, ist einfach eine Tatsache.

Mama, lass es dir gut gehen und denke nicht so viel nach. Die Menschheit ist ein zerstörter „Ameisenhaufen" – alle rennen kopflos durch die Trümmer ihrer Existenz. Aber irgendwann steht er wieder, der große Bau, um dann neuerdings den Weg alles Irdischen zu gehen. Bis die Menschen kapiert haben, dass es auf diese Weise eben nicht geht.

Ein dickes Bussi an dich aus meiner Welt und ganz viel Liebe, so viel, wie ein Sohn seiner Mama geben kann! Fritz

23. November 2011

Auch wenn du unbedingt einen „Mama-Brief" haben willst, bist du meine liebste Freundin und Kameradin: HALLO, MAMA!

Na, was sagst du jetzt? Ist es nicht großartig, all das veranlassen zu können, was du am heutigen Tag erlebt hast und – im wahrsten Sinn des Wortes – genießen kannst?

Wenn ich noch Mensch wäre (was in diesem Fall „Gott sei gedankt" nicht ist), würde mir diese Situation nicht nur auf den Nerv gehen, sie würde mir „ganz fürchterlich" auf den Nerv gehen! Aber, ich bin ein „Geist" und rund um mich sind so viele andere von der Sorte, die unbedingt und ganz dringend mit dir Verbindung aufnehmen wollen. Viele kennen dich als Menschen in deinem Tun und möchten dir danken, die Hände drücken oder küssen oder dir wenigstens anerkennend auf die Schulter klopfen.

Als dein Sohn – als Mensch – habe ich immer geahnt, dass das einmal geschehen wird. Mir war nur nicht bewusst, auf welche Weise. Nun ist es mir bewusst, und – es werden von Tag zu Tag mehr, die ankommen und mich „nerven". Aber als treuer Sohn habe ich mir einen Verbündeten geholt und ihm den Großteil dieses „Managements" übergeben. Der macht es mit Freude für dich und in der geeigneten Sprache. Du müsstest es sehen, schade, dass das noch nicht so recht möglich ist.

So, und jetzt zu uns. Ich bin froh, dass dein Schmerz um meinen Verlust schon etwas gemildert ist. Wenn man den Tatsachen ins Auge sieht, die Zähne ganz fest zusammenbeißt, dann geht das Leben wieder weiter. Wenn auch nie mehr in der gewohnten Weise. Aber das hast du bereits von Anfang an gewusst, denn du hast schon sehr gute Übung in der Überwindung von geliebten Verlusten. Nur starke Seelen können ein derartiges Schicksal auf sich nehmen – du bist die Stärkste von uns allen.

Auch wenn du „nur" eine liebevolle, zärtliche Mama mit „Bärenkräften" bist. Du bist einfach ein großartiger Mensch – auch wenn du es

1. nicht glaubst
2. nicht glauben willst und
3. nichts darüber hören willst. Aber …
4. großartige Menschen haben besondere Aufgaben im Leben zu bewältigen, und das musst du …
5. endlich zugeben, denn …
6. es liegt auf der Hand … also du beste aller Mütter – was sagst du nun?

Einen dicken Kuss für dich, wohin immer du willst, Licht, Liebe, Freude, Kraft und einen Hauch von Engelsenergie an dich von MIR.

21. Dezember 2011

Gesegnete Weihnachten meine geliebte Mama!

Und – wehe dir – du denkst in Wehmut an meine Abwesenheit! Denken ja – bitte – aber in Freude und auch – natürlicherweise – in übergroßer Mutterliebe. Am liebsten ist es mir, du bist so in deine „allumfassende" Familie eingehüllt, dass du gar nicht so ununterbrochen an mich denkst. Ein „Glaserl" – Rotwein? – tut vielleicht auch das Übrige. ICH bin nicht dabei, aber du hast mich dann ganz für dich allein in stiller Stunde, wann immer du willst – nur nicht in sentimentalen Weihnachtstränen. Das ist mein Geschenkwunsch – wenn sich „Geister" irdische Wünsche erlauben dürfen.

Es geht mir so gut wie nie zuvor. Es ist ein erhebendes Gefühl mit „leeren Taschen" und ohne Zukunftsgedanken hier zu existieren – und langsam Tropfen für Tropfen die Wahrheit der Schöpfung erkennen zu dürfen. Auch wenn sie seit Ewigkeiten in uns gespeichert ist, so ist es großartig, alte Erkenntnisse mit neuen Erfahrungen in Einklang zu bringen. Ohne Zeitbegrenzung, ohne Druck, ohne Voraussetzungen und – vor allem ohne Erwartungen.

Eines fügt sich zum anderen und erzeugt dieses AHA-Gefühl des Begreifens. Ich weiß, dass du dir das nicht so recht vorstellen kannst, aber ich weiß auch, dass das genau der richtige Weg ist. Jetzt hast du schon das wahre „Heimweh" erkannt – es kommt genau aus diesen Erinnerungen. Woher – aus deinem alten Wissen, gespeichert in deiner Seele. Denk dir nur, du hättest dieses Heimwehgefühl schon als junger Mensch gehabt – wie wäre wohl dann dein Leben geworden. Eine einzige qualvolle Pflichterfüllung, keine Freude, keine Liebe, keine Hoffnung. Nein, nein, die Menschen müssen alle durch ihr Leben durch, auch wenn es noch so trüb und unbarmherzig scheint. Du musst das jetzt langsam (aber nicht zu langsam!) in dein Wissen integrieren und – loslassen. Du hast dein Werk getan im besten Wissen und Gewissen. In Liebe und Freude, in Achtung, Respekt und Toleranz. Die Menschen können sich jetzt an deinem „Buffet" bedienen. Ob sie es wollen, ist die eine Sache, dass du jetzt danebenstehen musst als Zuseherin, die andere. Denn mehr als „Geben" ist nicht möglich. „Nehmen" muss jeder selbst.

Das ist mein Weihnachtsgeschenk an dich. Es kommt aus der Liebe der Schöpfung, ich bin nur der Überbringer.
Bussi Fritz

26. Jänner 2012

Meine geliebte Mama und allerbeste Freundin!

Ja, es ist ein gutes Gefühl, die Grenzen zwischen den Welten öffnen zu können, mehr oder weniger. Und ja – es ist ein ebenso gutes Gefühl zu wissen, dass der Tod nur ein sehr altes, aber beständiges Märchen darstellt. Nicht nur für die Menschen, auch für die Wesen, die sich für „tot" halten und doch so „lebendig" umhergeistern. Dabei ist es so wichtig, sich im Leben mit dem Leben nach dem Leben auseinanderzusetzen.

Alles ist möglich, das Leben ist im Prinzip so einfach – nur eben für die Menschen nicht. Wie man die Gedanken auch ansetzt: Es ist ein ewiges Spiel mit Worten als Begriffe, nur: Es hört kaum einer zu!

Natürlich weiß ich, wie sich ein „Opa" fühlt. Es macht mir sogar Freude, dass ich Opa wäre, wenn ich noch wäre. Was ich aber nicht bin, weil ich eben nicht mehr bin – aber: Ich kenne die Seelen, die sich da in den menschlichen Körper begeben. Ich durfte behilflich sein und habe ihnen Umfeld und Eltern „ans Herz" gelegt. Es sind besondere Kinder, die da heranwachsen. Eure Erde, dieser geschändete Planet, die Mutter alles Lebens, braucht Helfer, jede Menge Helfer.

Das weißt du auch. Diese Kinder haben große Aufgaben und die geistige Welt hofft und bangt, ob sie ihr Werk tun können. Sie müssen dazu erwachsen sein. Dafür brauchen sie ein gutes, gesichertes Umfeld – ich konnte und durfte das ermöglichen. Also – du darfst dich freuen, du „Urgroßmutter". Es ist auch ein Teil deiner Aufgabe, diese Rolle zu spielen. Du weißt ja – nichts ist ohne Plan, alles ist gut durchgedacht. Es gibt nur ein großes Hindernis in diesem Vorhaben – und das sind die Menschen!

Du musst wissen, ich erkenne immer mehr die großen, die universellen Zusammenhänge und das erhabene System, das hinter allem steht. Noch versuche ich, das alles zu verstehen. Aber das gelingt noch nicht so recht. Mir fehlen noch die anderen Teile des Wissens: Ihre Zugehörigkeit und deren Entwicklung.

Jede Seele geht einen eigenen Weg. Es gibt viele Wege, aber nur ein Ziel. Ich habe schon jeden Weg erkannt und bin auch bereits viele gegangen. Mein eben gelebtes irdisches Leben war eine Abweichung – es war nicht der Weg, der Sinn gehabt hat. Man muss auch die Gegenseite leben, um die Wahrheit dahinter zu entdecken. Erklären kann ich es dir nicht, es fehlen die Worte in menschlicher Sprache für die geistigen Begriffe – aber das weißt du schon. Eines weiß ich jedoch: Es gibt die übergeordnete Liebe, die über allem steht. Hier heißt sie Weisheit. Und in diesem Wort ist irgendwo das enthalten, was unter GOTT zu verstehen ist.

Demnächst gehe ich auf die Suche nach dem größten Mysterium in der Geschichte der Entstehung von allem was ist.

Bussi und Umarmung,
Fritz

3. Mai 2012

Meine geliebte Mama!

Dies zuerst einmal zu deinem Geburtstag. Ein großer Strauß mit Wiesenblumen und in der Mitte eine purpurrote Pfingstrose – der wunderbarsten, besten und … strengsten Mutter der Welt!

Aber du weißt ja: Alle Blumen dieser Erde bedeuten nichts, wenn … ja, wenn ich nicht bei dir – in deiner Nähe bin. Ja, ich bin, denn deine Liebe zu mir – die

Sehnsucht eines Mutterherzens – lässt mich nicht so ganz los. Obwohl, du gibst dir Mühe … ist aber nicht notwendig, weil du ja auch nicht mehr ein „Backfisch" bist. Mama, ich hab dich von ganzem Herzen lieb. Und so, wie es jetzt ist, ist es ganz praktisch. Du hast mich für dich ganz allein … oder!

Doch jetzt zu etwas ganz anderem. Ich weiß, dass du dir so viele Gedanken um deine lieben Toten machst. Aber das ist verständlich, weil ein Lebender keine Ahnung hat, warum so manches Mal das Schicksal so vehement zuschlägt. Du hast die Ursache für ein derartiges Geschehen bereits im Wissen. Jeder Mensch hat die Verantwortung für sein Leben selbst zu tragen. Das Schicksal ist der zum Großteil vorbestimmte Lebensweg, nicht aber „gesetzlich" geregelt. Jede Seele bekommt vor Antritt in das neue Erdenleben Vorgaben mit.

Großteils werden derartige Voraussetzungen von der Seele selbst geplant, allerdings unter der fachlichen Beratung von „hohen Wesen", die die Umstände eines Erdenlebens bereits irgendwann im Selbst erfahren und kennengelernt haben – als Mensch natürlich. Diese Wesen sind sogenannte „Hüter des Karmas" und dann zur Stelle, wenn ein neues Erdenleben zur Sprache kommt.

In der Seele gibt es eine „Funktion", die dann in Aktion tritt, wenn ein Geschehen eintritt, das so nicht geplant ist. Die Menschen nennen es die „innere Stimme", die Neuzeit sagt dazu „Bauchgefühl". Dieses Gefühl, diese „innere Stimme" ist der ständige Kontakt mit dem Beschützer, irriger Weise von Erwachsenen als „Schutzengel" bezeichnet.

Ich hatte auch diese innere Stimme am Tag meines endgültigen Übertrittes in die andere Welt, habe aber auch nicht darauf gehört. Die Probleme meines Lebens waren mächtiger in mir. Aber – es war gut so, denn ich wollte ja eine tatsächliche Veränderung. Sie ist nur ganz anders eingetreten als gedacht. Zu deinem Leidwesen und – trotzdem – es ist das größte Geschenk, das ich dir jemals machen konnte.

Also, dein lieber Freund hatte die Entscheidung und er hat sie trotz aller Vorwarnungen im Irrtum getroffen. Mehr kann ich nicht sagen, da ich für diese Seele nicht zuständig bin. Ich wollte dir nur eine verständliche Erklärung geben.

Frage von Annemarie: Was ist mit meiner lustigen Cousine Christl passiert?

Was mit der Christl passiert ist, muss sie dir selber erklären. Sie hat sich mit allen möglichen Tricks gegen ihren Heimgang gewehrt. Wenn das alles nicht so „makaber" gewesen wäre, wäre es eine gut gelungene Vorstellung geworden. Aber, du siehst das anders, denn du kennst nur die Seite vom Menschsein her. Es ist gut, wie es gelaufen ist, denn die Freisetzung an Liebe, an Demut, an Hingabe, Verständnis und Toleranz war ein Energiesturm, gleichend einem Sonnensturm. Menschen sind großartig, wenn sie sich auf dem rechten Weg befinden.

Mama, du bist nicht nur das „größte Muttertier", du bist auch ein Mensch mit einem Herzen so groß wie, na, wie der Dachstein … oder?

Tausend dicke Sohnesbussi für dich, dein Fritz.

7. August 2012

Meine geliebte Mama!

Immer bist du die Starke, die Sichere, die Selbständige und die Unverwüstbare – immer du, in deiner nimmermüden Art, die Traurigen, die Kranken, die „Seelchen" aufzubauen und ihnen damit neue Lebenskraft mitzugeben, manches Mal auch den Mut zur Tapferkeit.

Als ich noch als dein Sohn auf Erden verweilte, habe ich mich oft gefragt, warum und aus welchem Anlass du all das tust. So manches Mal war ich – als dein Kind – auch eifersüchtig auf dein Tun, manches Mal mehr, dann wieder weniger. Irgendwann – eines Tages – habe ich es verstanden, habe ich den Grund deines Tun klar durchschaut: Es ist ganz gleich, was wer tut, auf welche Art oder Weise er das tut, wenn es die gleichen Wurzeln hat: Menschen Hilfe zu bringen, ihnen helfend beizustehen und gleichzeitig andere Menschen zum „Gutes Tun" überreden (mehr oder minder „freiwillig".)

Dann habe ich begriffen, dass du es aus der Tiefe deines Herzens tust. Nicht nur aus Liebe, sondern aus der Barmherzigkeit deines Wesens heraus. Barmherzigkeit – so habe ich es verstanden – ist Liebe aus der Liebe zu Gott heraus. Und meine wahrhaft kleinliche Eifersucht auf die betroffenen Menschen ist verschwunden. Und ich habe auch begriffen, dass es unsinnig ist, auf Gott eifersüchtig zu sein. Das ist mir lächerlich vorgekommen, also habe ich es gar nicht erst begonnen. Ich fühlte mich als Mensch gut, als dein Sohn ebenfalls.

Da war nur die winzig kleine Gewissheit, dass du ein besonderer Mensch warst, denn du warst zuvor als Erdenmutter besonders „streng", aber dennoch liebevoll überzeugend. Und, ich glaube, es ist keine leichte Vorgabe, der Sohn einer für andere Menschen großartigen Frau zu sein. Aber – es war ein großartiges Gefühl, der Sohn **dieser** großartigen Frau zu sein.

Jetzt bin ich seit geraumer Erdenzeit nicht mehr dein „Sohn", denn ich habe meine Existenz verändert. Sohn, Kind etc. ist man nur im irdischen Bereich. Mit dem Tod endet auch die Verwandtschaft. Ich weiß, das tut dir ein bisschen weh, das willst du nicht, deshalb bist du meine Mama bis zu unserem Wiedersehen.

Du weißt, hier gibt es auch eine Entwicklung und meine läuft auf Hochtouren. Also bin ich auch „gescheiter", ohne intelligent sein zu müssen. Und ich habe unter anderem erfahren, warum du so bist, wie du bist.

Du hast – vor ca. 2000 und ein paar Jahren – ein Versprechen gegeben. Einem Bruder als Schwester in einem Land voll Wüste und Traurigkeit – denk nach, du wirst es gleich selbst erkennen – und in diesem Leben löst du dieses Versprechen ein: Nichts ist unmöglich, wenn der Glaube und das Vertrauen in die Liebe Gottes vorhanden sind. Du zeigst es den Menschen, die nicht einmal deine Sprache verstehen. Denn: Liebe ist übergeordnet. Und du tust es immer noch, obwohl es dir von Mal zu Mal schwerer wird. Denn auch deine Kraft ist längst aufgebraucht. Und die Erkenntnis, dass alles Getane niemals ausreicht, ist eine erdrückende Last in deinem Herzen.

Aber du vergisst, dass du in die Gedankenwelt deiner Hilfsbedürftigen massenhaft Samenkörner gestreut hast. Sollte auch nur ein einziges aufgehen, dann ist dein Werk zur Zufriedenheit getan. Deshalb, sei zufrieden mit dem, was geschehen ist und übergib es in die allmächtige Liebe des Vertrauens.

Ich bin unendlich dankbar, dein Sohn gewesen sein zu dürfen, und ebenso unendlich stolz auf den Menschen, der immer noch meine Mutter sein will.

Ich grüße dich in Licht und Liebe mit all den Umarmungen, die du so sehr liebst.
Fritz

13. September 2012

Meine geliebte Mama!

Erst einmal – HALLO – schön, dass du wieder in diesem Sessel sitzt und mit Riesensehnsucht auf meine zweifellos wichtigen Worte wartest. Es ist tatsächlich so, dass man als Mensch erst einmal „tot" sein muss, um sich in Ruhe zu unterhalten – nein, um mit Geduld und Wissen zu kommunizieren. Das tut gut, speziell deshalb, weil ich nie im Leben Derartiges gedacht und schon gar nicht erwartet habe.

Mama, das Leben ist schön – leider erst nach dem Tod. Auch wenn du noch leichte Zweifel hast: Das Leben beginnt nach dem Leben!

Und nun zu uns beiden. Ja, ich war bei dir auf deinem geliebten Berg und – ja, für Seelen ist es auch eine wunderbare Erfahrung, die Macht der Schöpfung, genannt Erde, zu erfühlen. Es liegt über diesem Tal die Ruhe der Selbstvergessenheit, die sanfte Schwingung der Höhe des Daseins. Du musst dort sein, denn von diesem Ort holst du dir die Energie für dein Tun. Jede Art der Tätigkeiten hat eine besondere Art von Energieträgern. Die Lebensenergie hat das menschliche Herz in seinem Energiefeld. Die Tätigkeiten Hilfe zu leisten, damit andere Menschen überleben können, kommt aus der starren Natur – aus den Bergen, den Steinen und den sich am Himmel bildenden Wolken. Die Tätigkeit für Hilfe an den Tieren bringen die unendlichen Wälder und Seen, auch Flüsse und sonstige Gewässer. Frohmut und Freude für sich und andere spendet die Sonne – aber die macht nicht mehr so richtig mit.

Jetzt müsstest du eigentlich verstehen, warum Menschen aus der Großstadt nur mehr (großteils eben) für sich selbst da sind. Sie müssen erinnert werden, dass Hilfe geleistet werden MUSS. Denn es ist auch eine karmische Bedingung daran geknüpft.

Vielleicht solltest du einen Vortrag mit dem Hintergrund der Bergwelt halten – Berge sind deine Energieträger. So, jetzt habe ich dich mit all dem großen Wissen vollgefüllt – macht dir das auch Freude?

Ich habe mit meiner irdischen Vergangenheit bereits abgeschlossen und einen dicken Strich unter dieses Leben gezogen. Fazit: Es war wichtig, aber es war nicht das Um und Auf für meine Entwicklungsphase. Jetzt ist es gut, so wie es ist, und es wird von Mal zu Mal besser, nein – großartiger.

Ich darf nicht so viel berichten, denn die Grenze zwischen den Existenzen muss geschlossen bleiben. Erlaubt sind nur die Fenster, die uns miteinander verbinden. Aber ein geschlossener Fensterflügel ist doch immerhin die bestmöglichste Lösung. Trotzdem – ich weiß, dass du eine glückliche Urgroßmutter bist. Jedes Erdenkind ist wichtig und besonders wertvoll. Ein jedes einzelne ist ein Hoffnungsträger – aber nur ein Träger, nicht ein Vollender.

Mama, es geht mir gut, sehr gut. Ich werde hier geleitet und geführt, von dir auf Mutterhänden getragen – sag mir: Wo und wie könnte es besser sein?

Eine innige Umarmung für dich.
Fritz

25. Oktober 2012

Meine treueste Freundin und jetzt wahre Kameradin!

Du willst wissen, wie mir dein Engagement in Sachen Wahrheit und Wirklichkeit gefällt – es gefällt mir gut, sehr gut und es ist großartig, wie aus einer kleinen, grauen Maus ein stolzer Schwan wird. Nicht, dass du als Mäuschen nicht schon Wunderbares geleistet hast – nein, du bist geradezu perfekt im Organisieren, Delegieren und im Management. Aber nun leuchtest du so hell und strahlend, wie es nur das schneeweiße Gefieder des Schwanes zeigt.

Deinen Mut und deine Tapferkeit hätte ich als Mensch haben sollen. Dann wäre mir mein eigenes Leben nicht so kompliziert erschienen. Du stehst mit beiden Beinen fest auf dem Boden der Tatsachen und in der Realität. Trotzdem hast du deinen Kopf hoch oben in Richtung „Himmel" und sprichst mit GOTT, deinem Gott, der dir alles ermöglicht, wenn es der Nächstenliebe dient.

Nun will ich dir den Begriff um die wahre Deutung des irdischen Begriffes der „Nächstenliebe" erklären:
Es ist wieder einmal so, dass die Menschheit ein Wort in Umlauf gebracht hat, dessen Inhalt himmelschreiend fehlinterpretiert wurde und wird, und allem Anschein nach nicht richtiggestellt wird. Aber das ist so und kaum einer der Menschen denkt nach, bevor er spricht oder gar handelt.

Nächstenliebe hat nichts mit Tun für Menschen zu tun, wie es fälschlich behauptet wird. Nächstenliebe ist die Erkenntnis, was zu tun ist, als nächstes zu tun ist. Und das, was getan werden soll als „nächstes", soll auch in Liebe getan werden mit ihr oder für sie. Dazu gehört auch das Erkennen des eigenen Selbst, das Begreifen um die Sinnhaftigkeit im Leben (nicht aber das Suchen nach dem Sinn des Lebens) und auch das Tun für sich selbst.

Nächstenliebe: NÄCHSTEN – LIEBE steht für Umwelt,

für Gegenwart, für alle die anderen und vor allem für die Liebe zu sich selbst.

Du erkennst jetzt sofort die Falle: Eigenliebe, Narzissmus und Egomanie. Also, Nächstenliebe ist alles, was dem Menschen zur Entwicklung auf dem geistigen Weg mitgegeben wurde.

Wenn du willst: Von Gott – der Schöpfung – deines Bruders Jesus, der Christus – und von dir selbst noch vor Antritt des Lebens in materiell-irdischer Form. Das was die Menschheit als „Nächstenliebe" auslegt, sind im Prinzip: Respekt, Toleranz, Akzeptanz und die Verpflichtung dort zu helfen, wo Hilfe gebraucht wird. Nur nicht dort, wo sich Nächstenliebe als „Menschlichkeit" profilieren will.

Meine geliebte Kameradin: Es ist beinahe nicht gegeben in deiner Sprache, in deinen Worten das wahre Wissen weiterzugeben. Du weißt, du hast im Wissen, dass es in der irdischen Sprache für sehr viele Bedeutungen keine Worte gibt. Aber ich habe im Wissen, dass du meine Sprache verstehst, auch wenn sie zu Beginn „nicht gerade einfach" erscheint.

Ich danke dir als „Seelenwesen" dafür, dass du mir jetzt die Gegebenheit gibst, mein Wissen für dich zu offenbaren. Und ich danke dir als dein „Kind" für die wunderbarste Mutter der Welt! Ich freue mich unendlich auf ein nächstes Mal.

In Liebe, in Licht und mit einer ganz festen Umarmung. Fritz

29. November 2012

Meine allerbeste Freundin und Kameradin!

Danke, dass du immer und immer wieder mit mir Verbindung aufnimmst und mich in deiner Gegenwart sein lässt. Das ist eine Gnade, die nur für wenige Seelen wirksam ist. Es wird ja, wie du selbst weißt, sehr viel Unfug mit derartigem Wissen getrieben. Für einen Großteil der Menschen besteht das Leben aus sinnlosem Tun und sogar aus unsinnigem Tun. Es wird übertrieben, und das was wirklich wichtig ist oft ins Lächerliche gezogen.

Ich konnte schon zu Lebzeiten nicht verstehen, warum so viele Menschen aus all dem positiven Gedankengut nur Negatives machen. Ich habe nur nie viel darüber gesprochen, weil ich keine Diskussionen diesbezüglich wollte. Es war für mich sinnlos und unsinnig zugleich, ausdiskutierte „Diskussionen" in Unendlichkeit weiterzuführen. Diese Ansicht meinerseits hat auch großteils dazu geführt, dass ich meinen Beruf nicht mehr als Berufung weiterführen konnte: Diskutieren und Diskussionen sind eine Möglichkeit, tätiges TUN und positiv Weiterdenken die andere. Die Verantwortung für Letzteres liegt irgendwo, nur nicht bei der Menschheit. Dies war eine bittere Erkenntnis für mich, vielleicht sogar die bitterste.

Du weißt, hier in meiner Welt habe ich nun die Möglichkeit zu erkennen, warum die Menschen so sind und welche Folgen daraus entstehen. Es ist für mich beinahe lächerlich, dass ich die Schöpfung Erde als Biochemiker wie eine riesige Versuchsreihe sehe. Das tut mir weh, denn ich habe die Menschen, sehr viele der Menschen als vernünftige Wesen gesehen. Ich habe ihnen Vertrauen entgegengebracht und war der festen Überzeugung, wertvolle Arbeit geleistet zu haben.

Mit meinem heutigen Wissen habe ich noch rechtzeitig erkannt, dass ich als Mensch und Wissenschaftler beinahe in den Sog gewissenloser Machenschaften geraten wäre. Ich bin meinem Schicksal unendlich dankbar – ich bin einem mir noch unbekannten GOTT unendlich dankbar – dafür, dass ich rechtzeitig die Seiten wechseln konnte und durfte.

Ich bin dir, geliebte Freundin und Kameradin, dankbar, dass du mir die Gelegenheit gibst mir zuzuhören, und ich danke dir in Liebe, Mama, dass du mich „losgelassen" hast und trotzdem mit beiden Händen ganz festhältst, damit dir meine Seele nicht auch noch davonflattert. Keine Sorge, Seelen flattern nicht und meine schwebt rundum um dich herum.

Ich liebe dich.
Fritz

17. Jänner 2013

Mama … du nervst …!

Warum muss ich dir eigentlich immer erst auf die Schultern klopfen, damit du dich aus deinen „Engelshöhen" auf meine Ebene begibst – du solltest doch viel öfter mit mir solchen Kontakt aufnehmen. Aber – du hast ja so wenig Zeit. Mein „Ansuchen" an den Geist der Stunden ist auch noch nicht bewilligt – dein Erdentag hat eben nur 24 Stunden – bedauerlicherweise.

Aber mir gefällt es, wie du dich zwischen diesen Stunden bewegst, nimmermüde (und manchmal hundemüde) und geschickt wie ein „Schlangerl". Es ist mir schleierhaft, wie du das alles unter einen Hut bringst, aber für dich ist das die reinste Selbstverständlichkeit. Und dabei wirst du immer jünger und fröhlicher.

Ist es nicht einfach wunderbar, wenn man als Mensch – so wie du einer bist – seinen Lebensinhalt leben kann, darf, soll oder muss. Das ist eine Gnade – aber das weißt du schon.

Mir geht es gut, ich habe einen Plan in meinem Kopf, den ich erst mit meinem geistigen Führer ausarbeiten will. Es soll etwas besonders Großes werden. Genau das, was ich als Mensch wollte, aber auf mentaler Basis.

Die Menschen brauchen Hilfe, viel Hilfe, große Hilfe, denn irgendetwas läuft da nicht in der rechten Bahn. Ich meine, dass irgendetwas auf den Großteil der Menschen einwirkt, dem sie – mehr oder weniger – hilflos ausgesetzt sind. Du weißt ja, es gibt viele Einflüsse, die die Menschen leiten und lenken können, und nicht alles hat mit der so oft erwähnten „Umwelt" zu tun. Da sind andere Faktoren maßgeblich, das kommt von anderswo her. Noch sind die Menschen wie Kinder: Leicht beeinflussbar, viel zu neugierig, viel zu gierig und eifersüchtig und – so sehr manipulierbar, dass auch einem Geistwesen die nicht vorhandenen Haare zu Berge stehen können.

Und nun wollen wir gemeinsam versuchen, diesen Tatsachen auf die Spur zu kommen. Solange Seelen im
Zwischenbereich agieren, haben sie Möglichkeiten, da
etwas zu erkennen und – vielleicht sogar – auch etwas
zu verändern. Verhindern kann man nichts, aber mit
Beispielen agieren – wozu sind Träume denn da.

Ich kann dir noch nicht viel berichten, weil ich selbst
noch nicht viel „in Händen halte" – aber, wie du weißt,
ist auch die Seele deines Sohnes wissenschaftlich orien-
tiert: einmal Forscher, immer Forscher …

Ich war viel bei dir in diesen Tagen des absoluten Fei-
erns, es war schön, dabei zu sein. Aber im Grunde bin
ich froh, nicht mehr mitmachen zu müssen. Menschsein
ist anstrengend und mit so vielen Hemmnissen verbunden. Freu dich auf das Gegenteil – es „lebt" sich um so
vieles leichter als … Geisterlein.

Ein dickes Bussi für dich, noch eines für dich und ein
drittes auch noch!
Fritz

8. März 2013

Liebe Mama!

Ich weiß, dass du Sehnsucht hast, große Sehnsucht.
Teils nach meiner Gegenwart, großteils jedoch, um all
das kennenzulernen, von dem du bis zu meinem Heimgang nichts, beinahe nichts gewusst hast. Sehnsucht ist
nämlich nichts anderes als Heimweh – Heimweh nach

dem Ort, an dem die Geborgenheit, die Liebe, die Ruhe und der Frieden zu Hause sind.

All das weißt du, auch wenn du es dir nur manchmal eingestehst. Du lebst immer noch in deiner großen Verantwortung für die Kranken, die Schwachen, die Hilflosen und die, die „nichts dafür können" – es ist nicht dein Hobby – nein, das ist deine Lebensaufgabe, das bist du auch dann noch, wenn dir alles „zu viel" wird.

Keine Sorge, du kommst erst hier bei mir an, wenn es in deinem Willen liegt, wenn du „es" willst, wenn es dir wirklich zu viel wird – und das hat noch Zeit.

Liebe zu den Menschen, zu den vom Schicksal Verfolgten, ist die stärkste, die mächtigste Energie, die dein Menschsein am Leben hält. Und seitdem ich „tot" bin, ist noch mehr Energie für dich da, ist dein Werk noch mächtiger geworden – weil es Sinn macht – jetzt erst recht.

Also, du willst wissen, wer mit dir mitfährt. Nun, sie umschweben dich, nicht zwei, drei, vier … es sind so viele, es ist ein ganzes Heer, eine große Menge, die dich begleitet. Alles Wesen desselben Ursprungs: Hilflos, ohnmächtig, unterdrückt, ermordet – die Geschichten kennst du, ohne sie zu wissen. Aber was noch viel wichtiger ist: Es sind auch diejenigen dabei, die diese große Not verursacht haben: Verbrecher, Mörder, Heuchler … so viele Worte gibt es nicht, die sie bezeichnen.

Und sie „müssen" dich begleiten, denn sie haben keine andere Wahl. Sie müssen jetzt miterleben, dass der

„Feind" unterstützt wird, dass ihm geholfen wird. Ja, dass es Lebende gibt, die ihren Feindbegriff negieren und nur die Menschen sehen. Das tut ihnen weh, sehr weh, es schmerzt ganz fürchterlich. Das alles bringt ihren Stolz zum Überkochen – aber es hilft nichts. Denn, tun sie es nicht, werden sie demnächst selbst Opfer sein. Das ist ihnen bereits bewusst – und Kriege, Mord und Totschlag gibt es immer und immer wieder.

Aber all das wirst du nicht spüren, du wirst es nur im Wissen haben.

Und jetzt habe ich eine Bitte: Sprich in lauten Worten von und über den Wahnsinn der Feindschaft. Sprich über den Wahnsinn, Gott als Kriegsherrn darzustellen. Sprich über die Geschichte des Krieges aus der Vergangenheit zu jedmöglicher Gelegenheit. Am Abend vielleicht statt eines Gebetes – es ist so wichtig! Du kannst ruhig dabei alleine sein – sie werden da sein, ich werde da sein, und – all die Himmelswesen werden dich schützen. Sprich laut, sprich leise – aber, bitte, SPRICH!

Ich versuche jetzt als meine neue Aufgabe für den Frieden zu arbeiten. Das geht aber nur mit Hilfe der Lebenden als Beispiel. Und glaube mir, das kann zur „Lebensaufgabe" werden.

Kopf hoch, geliebte Seelenschwester, du kannst alles, wenn du es willst. Und ich will mit dir.

Liebe, Licht, Freude und Friede
Fritz

30. Mai 2013

Meine geliebte Mama

Es geht – wie meistens – drunter und drüber und alles auf einmal und gleichzeitig. Also, alles im normalen Bereich, so wie – fast – immer.

Du hast so viel auf dem Herzen, so viele Fragen – so wenig Antworten. Ich selbst weiß, wie es ist, wenn sich Fragen wie riesige Gebirgszüge stauen, und die Antworten nur kleine bescheidene Edelweiße sind – schwer zu beschaffen und mit mühseliger Anstrengung zu finden.

In deinem Kopf, in deinen Gedanken ballt sich eine große Gewitterwolke zusammen: Es ist die Entscheidung, die du treffen musst, willst und doch nicht kannst. Es wird alles ein kleines „bisserl" zu viel, zu mühsam und dennoch: Du willst nicht aufgeben, du willst weitermachen, weil du glaubst, du musst! Niemand hat das Recht, Hilfe zu verweigern, wenn Hilfe gebraucht wird, und du gibst dir nicht einmal das Recht, das Mäntelchen der Sorgfalt mit dem Krägelchen des Dienens auszuziehen und irgendwo anders hinzuhängen.

Das ist Demut, Mama – allergütigste! Wahre Demut vor dem, was uns Jesus als Mensch gelehrt hat. Darin bist du eine Meisterin deiner Klasse. Was dir dabei aber so schmerzhaft bewusst wird, ist die Tatsache, dass die Menschen großteils ohne dieses Bewusstsein leben. Gutes zu tun bedeutet einen Kampf zu führen, der gewonnen werden muss.

Solange du dir das ermöglichst, ist es gut so wie es eben ist. Wenn du dieses Bild jedoch auf die Menschheit im Gesamten überträgst, wird aus dem Kampf ein Krieg mit üblen Machenschaften, denn der Betrug lauert im Hintergrund. Um die Menschheit auf eine andere Bahn zu bringen, bedarf es des Wissens um die Schöpfung.

Nicht um die aus der Bibel mit Gott, sieben Tagen, Adam und Eva. Das sind nur verballhornte Bruchstücke aus einem Mosaik der Wahrheit, das kein Mensch, kein Menschenkind jemals erfahren wird. Nicht, weil sie es nicht wissen dürfen, sondern – weil sie übermütige, hochmütige und größenwahnsinnige Geschöpfe geworden sind. Dein Aufschrei: Aber nicht alle! entspricht der Wahrheit. Denn diejenigen, die in dem wahren Wissen leben, stellen keine Fragen, suchen nur die für sie passenden Antworten und LEBEN DANACH.

Und jetzt mein Aufschrei: DU GEHÖRST DAZU, auch wenn du es nicht unbedingt glauben willst.

Die Menschheit, Mama, geliebte, allerbeste Freundin, geht jetzt in ein neues Zeitalter, von dem du so wenig verstehst wie ich vom Haushalt – das ist so, da ist nicht daran zu rütteln. Deine Zeit ist vorbei, du bist selbst ein Auslaufmodell – du musst nichts mehr verstehen, weil es für Menschenkinder einfach nicht zu verstehen ist. Chaos und Wahnsinn haben eine eigene Ordnung – es fehlt eben die Vernunft und die Ernsthaftigkeit. Neues bahnt sich an – nicht für dich, nicht für deine Freunde, nicht für uns, die wir mit Recht ausgestiegen sind.

Du willst noch so vieles wissen: Wenn du hier bei mir

bist, werden alle Fragen beantwortet werden. Lass dir einfach Zeit und hab Geduld – das macht alles viel interessanter und spannender. Als Mensch zu leben ist die eine Seite – tot zu sein und trotzdem zu leben ist die feine Seite – glaub es mir einfach.

Du erwartest ein wenig zu viel von deinem Willi. Er steckt in einer tiefen Entwicklungskrise, denn er hat viel zu überdenken. Seine „heile Welt" ist in Stücke gebrochen – gewaltig gebrochen, damit muss er erst fertig werden. Er war selbst so ein „Halbgott" – nun ist er „aufgewacht". Aber – glaub mir – als Mensch kommt er nicht mehr, das war nur eine gedankliche Momentaufnahme. Und jetzt ist auch Gerfried[5] endlich zur Besinnung gekommen. Traurig, bitter – aber wahr. Das hat meinem ehemaligen Vater ganz schön zugesetzt. Na ja, die Wahrheit tut eben meistens weh. Er wird dir berichten – aber noch nicht, noch gehts nicht.

Mama, du bist meine Allerbeste und die Allerbeste. Hab dich lieb unendlich für immer, dein Fritz.

18. September 2013

Meine über alles geliebte Mama!

Ist es nicht ein wunderbares Gefühl, wieder miteinander ein „Brieferl" schreiben zu lassen. Das gibt der

---

[5] Gerfried, 2012 im Himalaya tödlich verunglückt (siehe auch Botschaft von Willi Kury vom 17. Januar 2013, Seite 195)

Bindung zwischen zwei Welten den wahren Charakter: Nichts ist unmöglich, wenn an das Mögliche geglaubt wird. Das sind die Wunder, die das Leben schreibt.

Und während du die traumhafte Idylle der beinahe unberührten Bergwelt genossen hast, war ich auf großer Reise in all den Krisengebieten der Erde. Es war eine lange Reise, eine traurige Reise mit ungeheuren Erkenntnissen.

Ich weiß, dass du das bereits gewusst hast, wir haben nächtelang darüber diskutiert. Du bist stets auf der positiven Seite, du siehst beinahe immer das Gute im Menschen, du willst einfach stets der Verteidiger des Guten sein – du bist der Rechtsanwalt der menschlichen Rasse schlechthin. Du bist … ja, du bist ein Engel auf Erden – zumindest für die geistige Welt.

Ich habe mir den Talar des Staatsanwaltes übergezogen, habe meinen irdischen Vater (deinen Willi) an den Schultern genommen und bin mit ihm losgezogen. Er wollte das, ich im Prinzip auch, denn: Was du kannst, kann er auch, ich nicht so, aber doch ein wenig.

Nun, es war nicht nur eine frustrierende Angelegenheit, es war großteils eine bitterböse Enttäuschung. Obwohl – geahnt habe ich es ja, bloß nicht so genau gewusst.

Unsere besuchten Krisengebiete sind die Kriegsgebiete, da, wo geschossen, vergewaltigt, gefoltert und gemordet wird. Auch dort, wovon der Großteil der Menschen keine oder nicht viel Ahnung hat oder gar nichts weiß.

Also, mit den Menschen zu reden ist nicht im möglichen Bereich, mit deren Seelen auch nicht. Dazu gibt es viele Gründe und Erklärungen. Aber über diesen Gebieten, über diesen Menschen hängen tiefschwarze Wolken – wie bei einem Unwetter auf der Erde. Es sind Wolken aus negativer Energie, aus „bösen, unmenschlichen Energien" – ich will das richtige Wort, den passenden Ausdruck hier nicht sagen. Es würde und wird nur das Unheil verstärken, denn du weißt um die Macht der Worte!

Wir beide – Willi und ich – sind mehr oder minder beeindruckend aufgefordert worden, das jeweilige Gebiet zu verlassen, und man hat uns jegliche Einmischung verboten, untersagt und – auf das Höchste „empfohlen". Hier geht es nicht um Karma, um Schicksal oder dergleichen. Da sind Mächte im Spiel, von denen die Menschheit keinerlei Ahnung hat – oder vielleicht doch!

Auf jeden Fall ist Willi geheilt von der Vorstellung, etwas an der Welt und deren Evolution zu verbessern. Er hatte so eine Art „Kinderglauben", etwas gutmachen zu müssen. Aber „gutgemacht" wird vor der eigenen Tür, und das BIST DU. Auch wenn es ihm schwerfällt. Jetzt muss er erneut nachdenken. Aber ich meine, es wird ihm guttun.

Ich habe das von Anfang an gewusst, bin aber auf deine Bitte hin mitgegangen. Man darf ihn nicht allein lassen – deine Meinung. War vielleicht richtig, kann ich nicht beurteilen. Hauptsache es hat funktioniert.

Als ich meinen Beruf aufgeben wollte, habe ich das alles bereits verstanden und begriffen – deshalb mein Wunsch auszusteigen. Ich wollte dir die Welt – so wie sie ist – nicht so vor Augen führen, aber nun musste es sein.

Du machst vieles im positiven Sinn, das ist die kleine, feine Seite der Schöpfung namens Erde. Aber das ist eine andere Geschichte, eine am Rand einer gewaltigen Gewalteskalation. Du weißt ja, es gibt immer eine Ausnahme – du gehörst dazu. Du hilfst und liebst – das ist das Motto derjenigen, die bereits „ausgestiegen" sind.

Bleib einfach so, wie du bist, und lass dich nicht beeinflussen. Du wirst umhegt und umsorgt und – du wirst gebraucht. Für „Engerln mit Flügerln" der einzige Lebensinhalt.

Ach, ich bin so dankbar, dass ich dein Sohn sein durfte – und dem Willi werde ich es schon noch beibringen – die Dankbarkeit und die dazugehörige Erkenntnis. Nur – Vater sag ich nicht zu ihm!

Innige Umarmung, Fritz

18. Oktober 2013

Geliebte Freundin meiner Seele!
Hallo Mama!

Du denkst zu viel nach! Ich will nicht, dass du dir Sorgen über den Zustand deiner Welt machst. Die gehen nämlich aufs Herz, und das ist bei dir ohnehin schon überstrapaziert. Wenn du dein Werk vollenden willst, dann fang sofort damit an, wieder positiv zu denken.

Du wirst die kommenden „Schrecken" nicht unbedingt miterleben, wohl aber erleben. Und du weißt, wie wichtig dein Tun ist. Du hast vielen Menschen gezeigt, dass Nächstenliebe entsteht, wenn einer für den anderen „da" ist. Aber du setzt voraus, dass die von dir betreuten Menschen dein Werk auch voll in sich aufnehmen und damit umgehen können – so ist das nicht. Du „erwartest" das, aber das geht noch nicht. Die Evolution der Menschheit hat uns gelehrt, dass Menschlichkeit in die „Gene" gelangen muss. Und das dauert! Kommt es dir bekannt vor – dieses Thema? Deine „Kinder" lassen sich jetzt erst einmal durch dich verwöhnen und – es sind Kinder. Jedes will das große Stück vom Kuchen … ich glaube, ich muss dir nicht viel mehr dazu sagen.

Mach dir also keine Gedanken, keine Sorgen. Es gibt noch die andere Welt, die über der deinen steht. Du weißt doch: Der Tod ist oft nur ein Übergang in eine bessere Welt – siehe mich und ihn!

Du bist ein wunderbarer „Engel" für die Menschheit. Aber über allem steht der Wille. Der Wille der Menschen gegen den Willen dessen, den du als GOTT siehst. Lass sie einfach wirken – du bist ein „Engerl", mehr ist es nicht.

Ja, wir arbeiten miteinander. Es ist ein Versuch, mit irdischen Erfahrungen Vernunft in die Menschheit zu bringen. Eine Versuchsreihe wie so viele andere. Und in einer solchen haben eben nur ein paar Mitgliedsmöglichkeiten.

Mama, geliebte – ich will mir um dich keine Sorgen

machen müssen. Du wirst noch so sehr gebraucht. Also – du holst einige wenige Menschen aus der „Hölle". Mehr ist es nicht, auch wenn es für dich viel zu wenig ist. Aber du weißt, was Jesus gesagt hat: Wer nur einem einzigen Menschen hilft, der hilft der ganzen Welt.

Ich würde dir gerne noch mehr sagen, dich in die Arme nehmen, liebevoll an mich drücken, dir ein dickes Bussi geben – geht nicht, geht nicht mehr. Aber – ich kann dich streicheln, dir viel Energie „einfließen" lassen und dir Mut machen – mach einfach dein „Hobby" und denk nur an mich dabei!

PS: Ich danke GOTT dafür, dass du meine Mutter bist – warst – und sein wirst …
Fritz

22. November 2013

Hallo geliebte Mama …

… streckst du deine Fühler schon in die Welt hinter dem „Spiegel"? Hier tut sich einiges, vieles dreht sich um dich. Und – da gibt es einen, der hat dir gegenüber ein entsetzlich schlechtes Gewissen. Du weißt schon, wen ich meine. Aber das schadet nicht, denn irgendwann muss jede Seele uneingelöste irdische Versprechen einlösen!

Du kannst sehr streng sein, wenn es um Loyalität geht – beinahe „unbarmherzig". Aber ich verstehe das, denn Feigheit und sinnlose Lügerei sind wirklich nicht zu ertragen. Zumindest nicht auf längere Sicht.

Also – du erkennst, worum es geht. Wir führen oft endlos lange Debatten, Weltanschauungen prallen aufeinander – es ist wie auf Erden als Lebende. Tod sein bedeutet in vielen Fällen lediglich die Existenz ohne materiellen Körper. Wir lernen voneinander – so sehr verschieden als Männer waren wir nicht, nur anders. Aber davon, Frau und Mutter zu sein, davon verstehen wir nichts oder aber sehr wenig.

Es wird in der Welt sehr viel von Bereinigung gesprochen – hier findet sie wirklich statt. Wir bereinigen und kommen hoffentlich bald zu einem Ergebnis, mit dem auch du einverstanden sein wirst. Denn du bist diejenige mit dem großen Herzen.

Mama, ES GEHT MIR GUT – und du tust genug für uns alle. Du hältst uns nämlich auf Trab … das heißt, du forderst uns auf nachzudenken, zu erkennen und Lösungen zu finden. Bitte – tu nichts mehr – wir haben ohnehin schon „Nachholbedarf".

Du verlangst zu viel – die Menschen an sich sind großteils nur an sich selbst interessiert (war ich doch auch!). Deshalb die großartigen Abschiedszeremonien auf den Friedhöfen und die toll gepflegten Gräber – nicht aus Liebe, sondern aus versteckter Reue. Lass sie einfach – freue dich auf ihre posthume Reue. Sie kommen alle nach hier – dann hast du sie ganz. Mehr ist es nicht. Dein Trost ist – sie sind beinahe alle so. Nicht nur die Deinen.

Jetzt sag halt ich: SERVUS, „Herzerl" und Bussi.
Fritz

10. Dezember 2013

Meine geliebte Mama!

Lieb von dir, dass du an meiner „Wiege" gestanden bist. Mütter sind eine eigene Sorte Mensch, sie sind immer gegenwärtig und da, auch wenn sie nicht mehr „gebraucht" werden.

Nicht alle Mütter, aber die sind eben keine Mütter! Du schon. Es ist ein gutes Gefühl im Wissen zu haben, dass den Menschen die Erinnerungen zugehörig sind. Dadurch werden die Toten nicht vergessen, und das ist unendlich wichtig.

Es ist ein schwieriges Unterfangen, die menschliche Vergangenheit als „Toter" aufzuarbeiten, wenn man dabei alleingelassen wird. Viele Seelen finden dann keine Ruhe, weil sie sich nicht mehr an ihr Menschsein erinnern können. Du weißt vielleicht schon, dass die Erinnerung hier oft sehr schnell verblasst. Dann kann es passieren, dass sich Seelen in die Nähe von Menschen – ihnen gerade noch bekannten Menschen – begeben und dann tatenlos in „der Gegend" herumstehen. Sie wissen zwar noch, wer sie waren, haben aber keinen Bezug mehr dazu. Wollen trotzdem dort und da bleiben – sinnlos und unnötig. Es gibt ja hier keine Zeit, deshalb kann dieser Zustand oft sehr lange andauern. Deshalb ist es so wichtig, mit seinen Verstorbenen Kontakt aufzunehmen. Mit ihnen zu reden, sie noch am Leben teilhaben zu lassen.

Aber, bitte, nicht unbedingt an den Gräbern oder auf

Friedhöfen im Allgemeinen. Da kommen Trauer, Traurigkeit und Rührseligkeit hoch. Und die Möglichkeit für ein ernstes Gespräch ist auch schon vorbei.

Das ist die Erkenntnis, die ich gerade eben erfahren habe. Um dich stehen oft so viele Seelen herum, hören dich reden, hören auch hin, können aber vieles nicht mehr zuordnen. „Verlorene Seelen" eben, verloren für die vernünftige Weiterentwicklung, die so immens wichtig ist. Beten nützt da nichts – Gebete werden oft mechanisch vor sich hingeplappert – nur um des Tuns willen. Sinnvoller ist es, die Seelen einzuladen und ihnen Fakten vorzulegen. Dazu genügen die 10 Gebote in einfachen Worten. Die kennen alle aus allen Religionen – zumindest die, die sich in deiner Nähe befinden. Ist dir irgendwie einmal „langweilig" – dann frage sie nach den 10 Geboten. Du wirst es nie erahnen, wie wichtig das ist.

Und jetzt zu dir, Mama: Was hast du auf dem Herzen? Ich werde alles dazu tun, damit du die Angelegenheit auch „überlebst" – mit Liebe, mit Humor, aber auch mit einer gewissen Strenge – der Ordnung halber. Du kennst ja die ganze „Bande" – halte sie im Zaume und füttere sie bis zum Umfallen. Deine Küche ist gottgewollt – vertrau ihr! Mama – du bist etwas ganz Besonderes und niemand, keiner in deiner Familie gleicht dir. Erwarte einfach nichts, dann gibt es keine Enttäuschung. Das, was du als wichtig siehst ist nicht das, was andere vom Leben erwarten.
Wenn dein Vorbild – du als Vorbild – nicht gegriffen hat, zumindest bis jetzt nicht – dann, ja dann wird es vielleicht der typisch österreichische Weg: POSTHUM. Also, mach dir keine Sorgen, keine Gedanken: Nicht je-

der der fliegt ist ein Engel!

Mir geht es gut, auch wenn ich in einer sehr nachdenk-
lichen Schwingung bin. Ich bin mit vielem auf der Erde
auch nicht einverstanden und suche den Gott, der angeblich (laut Kirche) die Verantwortung dafür trägt.
Aber … ich suche immer noch.

Mama – freu dich auf das Fest, ich bin bei dir, der Willi
auch – wir werden sehen, dass es dir dabei gut geht.
Machst du mir auch eine Geburtstagstorte?

Ich habe dich lieb und bin stolz auf dich – du bist um-
werfend großartig – frohes Fest!
Fritz

13. Februar 2014

Meine geliebte Freundin!

Es geht mir gut, so gut – und das ist, weil sich meine allerbeste Freundin um 180 Grad gedreht hat. Das ist ein
Wunder, denn wer meine über alles geliebte Mama von
früher her kennt, weiß, wie recht ich habe.

Aber – es fehlt noch ein wenig mehr an Selbstvertrauen,
um zur Gänze in die „Welt der Geister" einzutreten –
mental natürlich und – wie du schon sagst – per Mecha-
nik. Also: Es gibt nichts Gutes, außer man tut es: TU ES!

Ich bin im totalen Einsatz und schon ziemlich außer
Atem. Weil: Weil du und deine Hilfe, weil ihr beide ein

gewaltiges Ungeheuer, einen Drachen sozusagen, losgetreten habt. Kannst du dir vorstellen, von einer Unzahl von Seelenwesen umringt zu sein, die allesamt um Hilfe bitten, rufen, schreien. Und das in einer Lautstärke wie Donnergrollen. (Jetzt weiß ich, woher die Göttersagen aus der Antike stammen!). Alle brauchen sie Erklärungen und Informationen über ihren Tod, über ihr vergangenes Leben und über ihre jetzige Gegenwart. Eigenartigerweise hätte jeder Einzelne von ihnen das längst haben können, sie haben aber keine Ahnung. Erst durch den Kontakt über Menschen – so wie Ludwig[6] über dich – verstehen sie, dass es Hilfe gibt.

Das ist irgendwie seltsam, denn es mutet mich äußerst eigenartig an. Sie könnten längst Hilfe bekommen haben, sind hier doch so viele geistige Helfer unterwegs. Aber, die werden einfach nicht gesehen oder – noch viel schlimmer – einfach ignoriert. Das alles ist mir unverständlich und auch neu. Also werden Menschen dringend gebraucht, die hier helfend einspringen. Menschen so wie du, die den Mut haben, sich mit „Toten" einzulassen. Und, wie ich weiß, ist dein Herz größer als dein menschliches Erscheinungsbild. Du wirst alles tun, um auch hier helfend zu unterstützen. Oder?
Mama, wenn du erst einmal hier bist, hier in meiner gegenwärtigen Welt, wirst du dich wundern, wie irdisch es manchmal zugeht. Viele Fragen, große Unsicherheiten, zahllose Ängste und emotionale Erinnerungen – und alle brauchen Erklärungen. Außerdem werden es

---

[6] Schulkamerad von Annemarie (siehe Botschaft vom 10.12.2013, Seite 230)

von Stunde zu Stunde mehr an Seelen, die betreut werden müssen. Kriege finden doch zuhauf auf der Erde statt. Das, was wirklich geschieht, ist ein riesiges Durcheinander in der geistigen Evolution. Vom Planeten Erde aus gesehen ist es eine ganz neue, noch nie dagewesene Entwicklung. Der Menschheit ist bereits ein großes Wissen zuteil geworden – sie aber hat es in eine Form des digitalen Wahnsinns umgesetzt. Das Ergebnis findet hier statt – wie schon gesagt.

Also bitte, wenn es dir irgendwie möglich ist, hilf auch hier mit. Ich weiß, wie schwer aller Anfang ist, aber es ist nur der Anfang. Du musst es auch nur geschehen lassen – alles andere ergibt sich wie von selbst. Du kennst dich auch mittlerweile gut aus beim „Über-den-Schatten-Springen". Werde dir die Goldmedaille hier reservieren – na, bin ich nicht ein gutes Kind?

Der Schmerz um den Verlust eines geliebten Kindes ist groß, sehr groß. Der Stolz aber, die Mutter eines solchen Kindes zu sein, ist um vieles größer und setzt eine Riesenmenge an Liebe frei. Hier sind so viele verlorengegangene „Kinder" – wie wäre es mit noch größerem Stolz?

Mama, ich habe einen dicken Kopf und stehe inmitten eines riesigen Chaos – so ist das, wenn man „reife Seelen" von der Angel lässt. Hilfe, ich brauche dich, deine Liebe und dein Verständnis. Dafür bekommst du den dicksten Kuss der Welt und meine ganze Liebe,
Fritz

PS: Der Ludwig arbeitet sein Leben auf – nicht leicht, aber es geht ihm bereits um vieles besser. Danke.

14. März 2014

Hallo Mama, du denkst zu viel nach. Jetzt, wo dein sehnlichster Wunsch endlich Wirkung nach außen zeigt, hast du Bedenken und Sorgen – das bist du, aber auch so ganz genau du. Ich denke, du begreifst erst jetzt, was du alles erreicht und getan hast, und stehst „mit großen Augen" vor deinem eigenen Spiegelbild: „Unfassbar, dass der Wille eines Menschen, etwas Gutes zu bewirken, auch in Erfüllung gehen kann". Wunder dauern eben nur ein klein wenig länger!

Blumen aus der geistigen Welt sind die Botschaften, die alle Zweifel zur Seite lassen. Blumen sind elfenhafte Geschöpfe in zärtlicher Form.

Genau das war für dich so sehr von Wichtigkeit, denn du willst Beweise, willst alles ergründen, begreifen und erkennen. Aber es gibt keine Beweise für das Schicksal, für Gott und all die vielen Helfer, Schützer und Lehrer. An sie muss einfach nur geglaubt werden. Es ist so wie die Ereignisse mit Kindern. Kinder glauben an das Christkind, an den Osterhasen, an die Schutzengel. Und die Erwachsenen tun alles, um diesen Kinderglauben zu bestärken – so funktioniert das System.

Und du bist so ein „Kind" und glaubst an die Hilfe von „drüben" – die von „drüben" tun alles, um dir deinen Kinderglauben zu erfüllen. Wer das ist, woher die Hilfe kommt – Kinder fragen euch als Erwachsene nicht, wer nun das „Christkind" gewesen ist. Manchmal wissen sie es und irgendwann wird dieses Wissen zur Selbstverständlichkeit.

So ist das, meine geliebte Freundin, so ist das! Ich bin auch schon um vieles gescheiter geworden und es geht mir einfach wunderbar.

Auch wenn es für dich noch ein klein wenig schmerzt – mein Tod ist das Beste, was für alle Beteiligten je geschehen konnte. Er hat Klarheit in den Wahnsinn Leben gebracht und die Luft gereinigt. Und – er hat mich endlich aus dem stahlharten Korsett des menschlichen Körpers befreit. All das, was ich im Leben als Wissenschaftler erforscht und gesucht habe, war der Weg zu mir selbst. Manchmal ist er sehr schwierig zu finden, nie aber zu schwierig, um ihn zu gehen. Manchmal muss man dabei den Tod überwinden – das ist das schamanische Prinzip im irdischen Bereich. Alles hat einen Ursprung – im Leben als Mensch und im Tod.

Bedauerlicherweise haben die Menschen diesen Ursprung jetzt erst einmal vergessen und ihn als neue Erkenntnis „falsch" umgesetzt. Nicht erst in diesen Jahren. Das läuft seit Ewigkeiten und nicht nur auf der Erde. Dieser Planet und seine gesamte Schöpfung ist nicht der Mittelpunkt alles Seins. Es ist lediglich der Teil eines großen, eines gigantischen Projektes, der nicht mehr in der Versuchsreihe läuft. Aber auch das ist kein Problem, denn die kleinen Teile werden durch andere ersetzt oder ausgetauscht. Es geschieht wie im Labor. Mir sehr vertraut und dennoch gänzlich neu und sogar unbekannt, zumindest teilweise. Alles, was auf Erden geschieht, ist einer anderen „Welt" bereits längst vertraut und bekannt. Und da ja nichts verloren geht, ist die irdische Existenz wichtig, aber dennoch nur eine „Erscheinungsform".

Freu dich doch einfach nur über das von dir und durch dich Erreichte und denk nicht darüber nach, was noch daraus wird. Du hast so vieles in die Wege geleitet. Aber – deine Hilfe für die armen Menschen ist nicht das Wichtige. Ob du es glaubst – oder nicht: Wichtig ist, dass jetzt einige erkennen, dass es Hilfe gibt, dass man etwas „tun" kann, dass es wichtig ist, Hilfe zu leisten.

Das ist dein Plan, meine Mama, das ist der geheime Plan meiner besten Freundin. Du zeigst einen gangbaren Weg auf – hat unser geliebter Bruder Jesus nicht auch Derartiges getan?

Ein ganz dickes Bussi und sicheres Geleit auf deinem Weg von uns beiden.
Willi und Fritz

30. Mai 2014

Meine allerbeste Freundin und geliebte Mama!

Ja, ich war mit dir – ja, ich habe mit dir gelacht und dir in den Nächten Mut zugesprochen. Und – ja, ich habe die Energie der Verzweiflung übernommen, wenn jeder Schritt nach vorne immer ein paar Zentimeter weniger bedeutet.

Du wirst und musst verstehen, dass das Schicksal eines ganzen Volkes geschehen muss. Diesmal nicht infolge eines Krieges. Diesmal auf die leichtere, bessere Art. Denn diese Menschen bekommen die Chance auf einen Neuanfang in ihrem Leben. So schwer es dir erscheinen mag. Wenn sie durch die gewaltvollen Todesarten nichts begreifen, dann eben durch andere Art und Weise. Das gilt generell für ein Volk, ist also ein göttliches Gesetz.

Und nun erkennst du, was du bereits bewirkt hast. All deine Bemühungen haben Erfolg – deinen Schützlingen ist nicht viel geschehen.

Du hast bereits einen Sieg – nein, ich weiß, du bezeichnest es nur als einen kleinen „Teilerfolg". Aber Tatsache ist, dass du bereits „Welten in Bewegung" gesetzt hast. Warte nur noch ein kleines Weilchen. Alle deine Schützlinge werden in der nächsten Zeit den Begriff des „Vertrauens" nicht nur erkennen, sondern auch erleben: Du hast es bereits im Wissen und du wirst es ihnen in aller Deutlichkeit erklären: „Gott ist Gott und wer ihm vertraut und ihm sein Schicksal anvertraut, dem wird nichts geschehen" – kennst du doch oder?

Du bist schon bald ein menschlich gewordener Engel mit „Flügerln" aus Liebe und Verständnis. Du wirst aber verstehen, dass es keine „Heiligenscheine" gibt. Leider nicht!

Dein Fritz

30. September 2014

Geliebte, allerbeste Freundin und Vertraute!

Es gibt so viel zu bereden, zu besprechen, zu überdenken, zu ordnen, zu … denkst du, glaubst du, meinst du, …

Es gibt nichts, das du nicht ohnehin schon weißt, spürst, fühlst …, aber du willst deine Beweise, also …

Nun, ich bin dein über alles geliebtes Kind, daher bekommst du die Beweise, die du so gerne möchtest. Um dir aber Beweise zu liefern, musst du mir Fragen stellen. Denn nur dann, wenn die Antworten stimmen, hast du die Beweise, dass du ohnehin alles gut, richtig, gern und in der göttlichen Ordnung getan hast. Also, frage:

Frage: Wie kann ich meine Kraft zwischen Familie und Bosnien teilen?

Diese Frage ist ein wenig konfus und diffus. Ein Mensch kann sich nicht „teilen", weil er nur mit einem „Hinterteil" auf einem Sessel sitzen kann. Du bist ein Mensch – ein ganz lieber – und hast somit immer nur einen Sessel zur Verfügung. Auch dann, wenn sehr viele davon in der Gegend herumstehen.

Das ist der erste Teil meiner Antwort. Und du weißt, dass ich für dich keine Entscheidung treffen kann, weil das nicht im Plan der Schöpfung enthalten ist. Aber ich kenne dich und weiß um dich Bescheid. Wenn du könntest, würdest du dich wie in „Nathan, dem Weisen" in zwei Hälften teilen und jeder von ihnen eine Aufgabe zuteilen. Daher würde ich, weil es eben auf diese Art NICHT funktioniert, tief in mein Innerstes hören, auf meine innere Stimme, und das tun, was da drinnen zu spüren ist.

Frage: Wie können mich meine Kinder, wie kann ich sie besser verstehen?

Wenn ich mich entscheiden müsste: Geliebte Mama, mach dir keine Hoffnung auf Besserung deiner Situation in der Familie. Da hast du schon viele Gutpunkte und die kannst du nicht mehr umdrehen. Außerdem: Du würdest weiterhin mit bangem Herzen an deine Kinder denken – loslassen kann man nur Griffe, Seile, Taschen und sich selbst. Nicht aber die Aufgaben, die man sich aus freien Stücken gestellt hat. Und du hast sie aus Eigenverantwortung übernommen. Einfach nur, weil du ein Leben lang versucht hast, deinen geliebten Bruder Jesus ein ganz klein wenig in dieser heutigen Zeit zu vertreten. Kann man **das** „loslassen"? Nein, das kann man nur versuchen, aber es wird nur zum Teil gelingen.

Aber eines ist ganz wichtig, und **das** weißt du bereits: Wissen muss weitergegeben werden. Wissen ist jedoch nicht nur das Erlernte, Erfahrene. Wissen ist auch Handeln und Tun. Das Weitergeben von „Handeln und Tun" nennt ihr Menschen „Delegieren". Und genau das ist deine Aufgabe – eine neue Form der alten Handhabung.

Du wolltest Hilfe als Lösung für ein beginnendes Problem (du bist nicht mehr die Jüngste!) – du hast sie bereits erhalten. Nun musst du nur noch akzeptieren, dass andere Menschen dein Lebenswerk weiterführen können

– das ist schwer – sehr schwer. Denn dazu gehört: DAS ABSOLUTE VERTRAUEN IN DIE GÖTTLICHE ORDNUNG (nicht in deinen lieben Gott – das hast du ja).

Und das bedeutet: Mit anderen gemeinsam weiter zu tun, wenn auch nicht mehr in dem Maße wie bisher. Verantwortung abzugeben, denn die Wirklichkeit besagt, dass das Schicksal eines jeden deiner Schützlinge eine Eigendynamik hat. Mit und ohne dich.

Wenn du mich jetzt verstanden hast, dann spürst, fühlst und hörst du deine innere Stimme. Du hast noch so viel Zeit, dass du deine „innere Stimme" getrost in Taten umsetzen kannst. Du brauchst auch keine Uhr, denn du bist deine eigene Zeitmessung: HÖR AUF DICH.

Mama, ja, das kannst du! Fange einfach an, dein Leben zu genießen – das ist schwierig, ich weiß – und hör auf, dauernd zu denken. Oder zumindest, denk an mich, ich lass dich schlafen.

Nein, du kannst nichts für mich tun. Denn hier ist alles gut so, wie es ist – auch wenn du dir das nicht so recht vorstellen kannst. Aber wenn deine „Uhr" abzulaufen beginnt, dann wirst du es endlich erkennen. Nur – so schnell laufen die Zeiger nicht.

Mama, ich lieb dich so, wie du bist. Mit all deinen Gedanken ums „Gut sein" – du bist einfach ein Wunderwerk an Menschlichkeit!

Nebenbei gesagt, einfach nur so: Das ist deine Aufgabe!
Bussi Fritz

29. Oktober 2014

Meine innig geliebte Mama …

… nein, heute nicht „meine allerbeste Freundin", heute bekommst du einen „Mama-Brief".

Ich will alles das vertreten, was dir in deiner – unserer Familie fehlt. Ich weiß, dass du sehr traurig bist, weil du dich nicht immer verstanden fühlst. Du hast immer alles gegeben, soweit es dir als Mensch, Frau und Mutter möglich gewesen ist. Aber du hast niemals materialistisch gedacht. Deine Gedanken waren und sind die der Liebe und der Fürsorge, nicht des „Habens", sondern des „Gebens". Diese Gedankenwelt ist den Menschen der Gegenwart bereits fremd. Denn wer im „Haben-Wollen" lebt, vergisst auf das „Geben-Sollen".

Aber das hat nichts mit dir und deiner Art die Kinder aufzuziehen zu tun, es liegt an der Umwelt, der „Neuen Zeit" und der Rücksichtslosigkeit, die sich als Egoismus in jedem Menschen befindet. Es ist die Entscheidung eines jeden Einzelnen selbst, wie und ob er sie leben und erleben will – das ist eben das Prinzip des freien Willens.

Du hast dich für dieses Leben entschieden – das weißt du. Und du hast dir einen Lernprozess mitgenommen. Nämlich den, die Menschen ihren eigenen Weg gehen zu lassen. Du hast das erst in relativ späten Jahren erkannt, dann aber in Windeseile (… und das bist eben DU!) dazugelernt. Und jetzt hast du alles erreicht, was du bei Antritt dieses deines gegenwärtigen Daseins erreichen, erkennen und erfahren wolltest. Du bist fertig, Mama, ein weiser Engel mit goldenen Flügeln. Ich weiß das, ich weiß das ganz sicher – und du musst es endlich akzeptieren. Auch wenn du jetzt deine Augenbrauen in die Höhe ziehst – du musst dich jetzt endlich selbst anerkennen.

Niemand verlangt von dir, dein „Licht unter den Scheffel" zu stellen, das darfst auch du nicht tun. Denn dann verbietest du dir deine leuchtende Aura, und das darf nicht geschehen. Dieses Licht, das dich umgibt, ist wie das Strahlen einer „geweihten" Kerze. Und genau dieses Leuchten zieht sie alle an. Alle die Wesen, die im Erd-Feld festhängen, sich gefangen fühlen und trotz der vielen, sehr vielen Möglichkeiten nicht wissen, wie es für sie weitergehen soll. Und wenn du dann sprichst – in deiner ruhigen aber doch begeisternden Sprache – dann können sie die Augen aufmachen und all die vielen Helfer sehen. Das alles geschieht aber nur, wenn du so hell strahlst wie eine große Menge an Kerzen. Und das geschieht umso mehr, umso besser, wenn du dich selbst als das siehst, was du bist: Ein Menschenkind auf DU und DU mit GOTT!

Ist das nicht ein wunderbares Geschenk von dir an dich? Und – das Schöne daran ist – es ist wahr, wirklich und wahrhaftig wahr!

Ich bin so dankbar, dass ich diese Welt verlassen durfte. Schon alleine deshalb, damit du diese Erfahrungen machen konntest. Sie waren nämlich nicht in deinem Lebensplan vorgesehen. Sie sind die Draufgabe als „Dankeschön" für all das, was du aus reiner Nächstenliebe getan hast und noch immer tust. Und ich glaube, ein größeres Geschenk kann es kaum mehr geben, wenn man als

Menschenkind in dieser Welt weder das Paradies noch den Garten Eden findet. Und ich gehöre mit dazu!

Bitte, schone dich ein wenig, wenigstens ein bisschen mehr als wenig. Es hat einen guten Grund, warum ich dir das sagen kann. Du bist zu allen so verständnisvoll – sei es auch zu dir.

Dieses Buch hat so viele Seiten – sie alle sollen vollgeschrieben werden. Für dich und diejenigen, für die es einmal ein Lehrbuch werden soll.

Ich umarme dich ganz fest und drück dich,
Fritz

26. November 2014

Meine geliebte Mama!

Habe ich dir gesagt – hoffentlich schon sehr oft? – dass ich ungeheuer (schlechtes Wort) stolz auf dich bin? Wenn ja, dann weißt du es ohnehin, wenn nein, dann erfährst du es jetzt.

Ich habe ein schlechtes Gewissen, weil ich dein Engagement in Sachen Menschlichkeit nicht ernst genommen habe – aber welcher Mann nimmt eine Frau schon ernst – auch dann, wenn sie seine Mutter ist. Jetzt habe ich es begriffen, wie großartig du unseren gemeinsamen Bruder JESUS vertrittst – in der Überzeugung, dass die Menschen willens sind, aus ihren Lebenserfahrungen zu lernen. Du bist ein besonderes Wesen, warst du wahrscheinlich schon von Anfang deiner Existenz an, aber jetzt ist es offensichtlich. Wäre ich nicht so sehr in mein eigenes irdisches Schicksal verstrickt gewesen, hätte ich dich helfend unterstützen können. – Wäre, hätte, wenn … ich weiß, dass du es irgendwie tief in deinem Herzen erwartet hast …

Aber jetzt, seitdem ich den wahren Wert der universellen Energie erkannt habe und ihn auch „lebe", helfe ich dir, wo und wie ich nur kann und es mir ermöglicht wird. Und du musst zugeben, seitdem ich hier in meiner Welt „munter" geworden bin, geht in Sachen „Menschlichkeit" für dich einiges weiter. Oder? Somit hat meine Nicht-Anwesenheit einen tiefen Sinn erhalten. Und die Frage um das „Warum" ist geklärt. Das sind also meine Zeilen, das ist mein Beitrag zum Lauf des Schicksals. Habe ich recht und gehe ich richtig in der Annahme, dass ALLES im Leben und danach sinnvoll ist? Auch der größte Schmerz hat einen tiefen Sinn.

Du hast recht, ich kann dir keinen Rat geben, ich kann noch viel mehr – ich darf dir helfend unter die Arme greifen. Und ich finde es rührend, dass ich als „Druck" (*nach drei Mädchen*) das Licht der Welt erblicken durfte. Glaub mir, als Mann hat man diesen Druck ein ganzes Leben!

Also – reden wir miteinander über die „Sünden der Vergangenheit" – ich muss nur kurz nachdenken, ob ich dein Sündenregister inhaltlich noch beherberge:

Ja, du warst streng – ich habe dich manchmal – nein, hätte dich so manches Mal … aber lassen wir das. Ja, du hast viel erwartet – nicht verlangt. Und dadurch sind meine

Erben in eine gute, sehr gute Situation gekommen – ohne sich für etwas einsetzen zu müssen. Das ist das Ergebnis deiner „Strenge" – so kann Schicksal wirken.

GOTT ist ein universeller Begriff und kann in allen Sprachen verwendet werden. Ich weiß nur, dass die Galaxie, die auch dein Sonnensystem ist, eine Art Schulung darstellt auf dem Weg in ein besonderes Wissen. Dieses hat nichts mit Religion oder Glauben zu tun – es ist eine Art mathematisches Schema von Entwicklungen. Aber ich bin noch nicht so weit, um das alles zu durchblicken. Erst zu dem Zeitpunkt, an dem alles irdische Denken aus meinem Energiekreislauf gelöscht sein wird, wird es mir möglich sein, die sogenannte „Schöpfung" zu verstehen. Aber eines habe ich bereits erkannt: GOTT ist absolute WEISHEIT und beinhaltet WISSEN.

Worüber? Komm zu mir, dann verlassen wir diese Ebene der irdischen Gedanken und treten in eine höher schwingende Sphäre (Physik!). Wenn ich das im Alleingang mache, verlieren wir den Kontakt zueinander – und das willst du nicht! Die GÖTTLICHE ORDNUNG ist die VERNUNFT, die die Erdbewohner – Menschen – in Logik umgewandelt haben. Und das ist von vornherein zum Scheitern verurteilt – sieht man ja an der Situation, in der sich die Erde befindet.

Du bist die göttliche Ordnung, weil du sie vertrittst. Weil du für sie eintrittst. Ist halt nicht perfekt, die göttliche Ordnung, weil der Mensch an sich eine nicht erfolgreiche Versuchsreihe darstellt. Aber die Idee ist grandios …

Mama, du bist das Beste, was mir widerfahren ist –

ganz gleich, wie streng du warst und was du dir erwartet hast. Du hast mich geliebt, liebst mich immer noch und wirst es tun bis in alle Ewigkeit … und ICH LIEBE DICH für alle Ewigkeit.
Fritz

23. Januar 2015

Meine liebe und allerbeste Freundin!

„Guat is ganga – nix is gschehn" – so gesehen freue ich mich auch, dass du in diesen irdischen Festtagen deine ganze Familie in Frieden und Ruhe? – um dich versammeln konntest. Dieses Geschehen hat Seltenheitswert und war eine große Herausforderung an die geistige Welt. Wir beide – Willi und ich – hatten alle Hände voll zu tun, damit alle deine Wünsche – wenigstens die wichtigsten – in Erfüllung gehen konnten. Und, ob du es glaubst oder nicht, es hat uns sogar Spaß gemacht. Die Familie aus einer anderen Ebene zu betrachten, ihnen zuzuhören und ganz einfach nur dabei anwesend zu sein – das ist eine Erfahrung der besonderen Art.

Immerhin habe ich das Wissen, warum wir so zusammengewürfelt sind – waren – und aus welchem Grund du uns als Mutter gegeben worden bist. Es wäre nur interessant, ob du das auch getan hättest, wenn du um die Folgen gewusst hättest. Du bist immerhin die Pufferzone, die deine „Kinder" im Zaum hält – aber das machst du immer noch mit gutem Erfolg.

Deine wahre Familie jedoch, das sind deine „Bosnier" –

aber das weißt du ja. Für diese Menschen hast du dich in dieses Erdenleben begeben. Und weil du doch um so viele Jahre vorher schon eingetroffen bist, hast du uns allen noch die Chance gegeben, dich als Mutter zu bekommen. Du hast eben schon „Engelsflügel", auch wenn du es noch immer nicht so ganz glauben willst.

Meine ehemaligen Geschwister und deren Nachkommen haben keine Ahnung – aber ich weiß das bereits alles. Und dafür bin ich dir unendlich dankbar. Aber das weißt du und du glaubst es auch.

Und nun sei so tapfer und nable deine Zweitfamilie in Liebe und Sicherheit ab. Ich weiß, dass dir das wehtut. Und ich weiß auch, dass du nicht gerne die Fäden aus deinen Händen gibst. Aber du weißt auch, dass die neuen Hände „Fäden aus Geld" haben. Und Geld ist das, was dringend zur Hilfe gebraucht wird. Sei guten Mutes, dir stehen so viele „Engel" zur Seite – lass auch die einen Teil deiner Arbeit machen. Und – ich bin ja auch noch da!

Ich umarme dich mit all meiner Liebe und dem Versprechen, das zu tun, was für dich wichtig ist. Das nennt man „Liebe" und die ist groß, größer und ewig!
Dein Fritz

1. April 2015

Meine geliebte, allerbeste und einzige Freundin!
Meine geliebte Mama!

Wie schon gesagt – ich habe eine Armee von Schutzgeistern geordert, die dich auf deiner Reise begleitet haben. Aber – ich weiß, du magst die „Aber-Sätze" nicht, trotzdem: Aber jetzt ist Ruhe angesagt. Du MUSST dich erholen und Kräfte sammeln. Denn ich weiß, dass du schon wieder eine große „Menge" vorhast. Und, das ist auch gut so, denn nur auf diese Weise erhält dein Leben einen Sinn – so traurig das vielleicht auch klingen mag.

Aber (schon wieder dieses Wort) das ist wirklich der Sinn deines Lebens, deiner Existenz, deines Daseins. Du hast so viel an Liebe in dir, die muss weitergegeben werden. Die Menschen müssen – so willst du es – erkennen, dass Liebe die Lösung für so viele Probleme sein kann. Denn du hast damals – es ist beinahe einen Erdenmonat her – von Jesus erfahren, dass Liebe nicht nur ein Gefühl ist, sondern das große „Geben" enthält. Das „Geben" als „Gabe" und das „Geben" als „Da-Sein". Du hast dir damals geschworen, die Werte des geliebten Bruders auch weiterzutragen – koste es, was es wolle. Nun, ich habe erkannt, dass du diejenige bist, die das Kreuz als Hoffnung sieht, nicht als Bitternis.

Es wäre schön gewesen, wenn ich das als Mensch, als dein Erdensohn schon erkannt hätte. Habe ich aber nicht, und das schmeckt mir jetzt wie bittere Medizin. Denn dann hätte ich aller Wahrscheinlichkeit nach auch von Anfang an begriffen, dass niemand berechtigt ist, in die Schöpfung einzugreifen. Und ich hätte mir meinen „Irrweg" erspart. Wissen und Begabung kann man sinnvoll einsetzen, zumindest sinnvoller. Und da es keinen Konjunktiv gibt, habe ich einen Großteil meiner irdischen Existenz – mein Leben als Mensch – verbaut.

Weißt du, dass man als Geistwesen nichts gutmachen muss, was man als Mensch verhaut hat? Es genügt lediglich die Erkenntnis, dass man einen Irrweg beschritten hat. Und auch die Erkenntnis, was richtig und wahrhaftig gewesen wäre.

Ich habe es erkannt, jetzt weiß ich es und es wird nie wieder geschehen. So einfach ist es mit der Erkenntnis. Das Schwierige daran ist lediglich, dass man sie ganz alleine erkennen muss – es gibt keine Hilfe dazu. Außer – man hat eine Mutter-Freundin wie dich und eine ausgezeichnete Beobachtungsgabe. DANKE!

Hab dich lieb und umarm dich ganz fest.
Fritz

22. April 2015

Meine geliebte, beste Freundin und geliebte Mama!

Ich bin so froh, dass du dich so sehr mit meinem Lebensweg beschäftigst und dir meine Gedanken machst. Dazu muss ich dir sagen, dass es für mich um vieles schwieriger ist, meine gegenwärtigen Gedanken durch jemand anders zu Papier zu bringen.

Nach dem Tod, dem körperlich-materiellen Tod, beginnt die Seele ihr eigenes „Leben", ihre Entwicklung (die neuerliche Entwicklung) und die Suche nach den Erkenntnissen aus den Erfahrungen, die sie als Mensch im irdischen Leben gemacht hat.

Und damit beginnt ein Zyklus, den niemand mit den richtigen, weil wahrhaftigen Worten beschreiben kann. Es läuft so viel parallel, soviel gleichzeitig – so ganz anders, als man es als Mensch kennt und gekannt hat. Viele Worte und Begriffe können nicht übersetzt werden, es müssen daher „Hilfsbegriffe" eingesetzt werden. Du musst noch ein bisschen im Wortspiel der geistigen Sprache üben, denn du denkst noch sehr genau und buchstabengetreu.

Also, Mama, pass auf: Ich habe einen Irrweg begangen, es war ein richtiges Labyrinth an Möglichkeiten. Eines – das sei vorweggesagt – war mir nie so wichtig: Meine Art ein Familienleben zu leben. Ich habe das getan, was wichtig war – für die andern, nicht für mich. Ich war eine Art „Freigeist" und genau das hat dich immer ein wenig an mir irritiert. Du konntest mich nie so richtig in dein Denkschema „einordnen", du hast dir immer etwas mehr um mich Gedanken gemacht als um die anderen. Ich bin halt ein wenig aus der „Ordnung" getanzt.

Ich wollte eine gravierende Änderung im Gesundheitsbereich für die Menschheit erreichen – das war mein Irrweg. Denn ich bin über den Körper gegangen, ohne zu bedenken, dass Änderungen nur durch den Verstand stattfinden können. Um sein Schicksal zu verstehen, muss mehr geschehen als eine „genetische Umprogrammierung". Das habe ich noch rechtzeitig erkannt. Es war ein „Aha-Erlebnis" der besonderen Art – darüber bin ich aber nicht bereit zu reden – damit musst du jetzt leben! Eines steht fest: Als Seele – so wie ich – erkennt man vieles anders, ganz anders. Und – es gibt keine Wertvorstellungen. Das ist ein irdisch-weltliches Denkschema. Zum

Großteil ist es auch noch in dir vorstellig.

Meine Kinder haben sich – von der Seele her – in ein gutes Nest gesetzt, denn mein Ableben war bestimmt, mein Beruf als Berufung ebenfalls. Und somit haben sie die Chance erhalten, etwas aus ihrem Leben zu machen.

Ich habe als Mensch mein Bestmöglichstes getan. Aber mit dem Tod hören die irdischen Bindungen auf. Was dann noch bleibt ist Liebe oder Hass. Diese Schwingungen kommen aus der Schöpfung, dem Wissen aus der Unendlichkeit, und haben mit irdischen Gefühlen NICHTS zu tun. Wie gesagt: Ich habe das Bestmöglichste getan als Mensch und als Vater – jetzt ist das vorbei.

Ich weiß, dieser Gedankengang macht dir ein paar Gedanken. Aber, beste Freundin, es war **mein** Leben, **mein** Schicksal, **mein** Abgang – das hat mit uns beiden in dieser Form nichts zu tun. Weil – ich habe mich auch in ein Nest gesetzt: Aus Wissen, Weisheit und Liebe. Nicht nur, um als Mensch ein paar gute Gelegenheiten zu erhalten. – Verstanden?

Ich werde dich an meiner Seite in den Trubel dieses Festes geleiten. Du wirst mich spüren, fühlen und bemerken. Und ich hoffe, du hörst mich auch, wenn es genug Anstrengung für dich ist. Und – mach dich schön! Ich will mit dir angeben!

Nun gut, ich umarme dich ganz, ganz fest und hoffe, du hast mich diesmal richtig verstanden. Ein dickes Bussi, noch eines und eines obendrauf!
Fritz

28. Mai 2015

Meine allerbeste und allerliebste Freundin!

Du willst wissen, wie es mir geht, was ich tue und ob es für mich richtig ist, dass ich bei dir sein soll – Mama, du bist dermaßen kompliziert in deiner Denkweise, dass ich nicht bereit bin, dir auf diese Fragen eine Antwort zu geben. Aber, weil ich weiß, wie viel Liebe in deinen Fragen steckt – ein Überangebot an Liebe und Fürsorge, gebe ich dir trotzdem zur Antwort:

Es geht mir ausgesprochen gut. Ich tue sehr viel mit mehr oder weniger großem Erfolg. Ich bin sehr gerne in deiner Nähe, weil ich erst durch meinen Tod dich als Mensch richtig kennenlernen konnte, durfte ... ach, was weiß ich, aber es passt.

Natürlich bin ich auch im Stress, denn ich habe eine ganz liebe, sehr vertraute Menschenfrau als Chefin, die in ziemlich kurzen Abständen immer wieder Stoßgebete zum Himmel schickt, weil irgendeine Möglichkeit im Raum steht, bei deren Verwirklichung eine Art von Wunder geschehen soll.

Kennst du diese Person? – Sie war einmal meine Mutter, das ist schon länger her, weil ich ja nicht mehr der Sohn bin, der ich einmal war. Aber eines steht fest: Sie ist die beste Mutter der Welt für mich, auch wenn es jetzt ein wenig anders abläuft. Und weil das so ist, wie es eben ist, habe ich das Management für ihre Projekte übernommen. Sie muss sich schon ein wenig schonen, denn sonst wird für sie alles ein wenig zu viel. Aber stolz bin ich schon, das kann ich guten Mutes bestätigen. Leider habe ich das viel zu spät begriffen. Nämlich: Jemanden zu haben, der soviel Liebe zu den Menschen besitzt, sich so sehr für die Ideologie der Nächstenliebe einsetzt – und das noch nebenbei als Mutter tut – darauf muss man stolz sein.

Kennst du diese Frau? – Ich liebe sie!

Mama, du verlangst zu viel von den Menschen. Du bist wie der kirchliche Jesus, der irgendwie vorausgesetzt hat, dass sein Werk Nachfolger haben wird. Ich habe Jesus hier kennengelernt. Als Meister, als Energieträger, als Bruder und als Freund. Er hat mir versichert, dass er ohne jegliche Erwartungen in die Rolle eines Menschen geschlüpft ist. Er wollte lediglich einen neuen Weg aufzeigen. Einen Weg, den jeder Mensch hätte gehen können. Vorausgesetzt der Wille dazu ist vorhanden.

Nun, ob genug an Willen da war – tun wir einen Blick in die zahllosen Geschichtsbücher und bilden wir uns eine Meinung. Auch du hast einen Weg aufgezeigt und bist ihn gegangen, gehst ihn immer noch. Du hast ebenso einen kleinen Erfolg – so, wie es unser Bruder Jesus hatte.

Und du weißt um die Politik der kleinen Schritte. Auf der Erde, dem Planeten Erde, sieht es nicht mehr gut aus. Das musst auch du zugeben – auch wenn du mit den Zähnen knirscht. Das, was du tust, Mama, das kommt in der neuen Welt zum Tragen. Die Seelen der Menschen, denen du geholfen hast, immer noch hilfst, die werden die Nächstenliebe in die neue Schöpfung bringen – so steht es bereits „geschrieben".

Das kannst du mit Sicherheit erwarten, weil es bereits geschieht. Und aus genau diesem Grund darfst du bereits ein wenig nachlassen und anderen dein Werk übergeben.

Du hast das Deine getan. Es ist ein großartiges, ein wunderbares Werk und – es ist im Sinne deines, meines, unseres Bruders Jesus. Allerdings mit großer Verspätung. Aber du weißt ja: Wenn es um das menschliche Denkvermögen geht, dauert alles etwas länger!

Ich umarme dich ganz fest und drück dich innig an mich. Ich werde dich auf meinen Händen auf den Berg hinauf- und hinuntertragen. Dazu brauche ich aber menschliche Hilfe! Und ich werde dich behüten, falls du das willst! Und – ich werde auch für dich weiterhin der Manager in Sachen Menschlichkeit bleiben!
Fritz

18. September 2015

Meine allerbeste und allerliebste Freundin!

Ich freue mich so sehr, dass du wieder diesen Kontakt mit mir aufnimmst. Das ist ein gutes Gefühl, denn die andere Variante – „das Geistern" – hast du ja schon voll im Griff.

Nun ist es allerdings an der Zeit, dass wir uns besser unterhalten sollten. Auf eine Weise, die mehr deutlichen Kontakt ermöglicht. Ich weiß, dass du dir das – so ein bisschen im Geheimen – wünscht, aber es funktioniert nicht so recht … warum eigentlich?

Ich habe dir so viel zu erzählen, zu berichten, meine Gedanken, meine Möglichkeiten – einfach, wie es ist, auf der anderen Seite zu sein. Aber das geht eben meistens nur im direkten, sofortigen Austausch. Du weißt ja, es gibt keine Zeit – das ist das Schwierige an unserer Situation. Also, wir haben ein – wenn auch geringes Problem. Vielleicht gibt es eine Möglichkeit, dieses doch noch zu lösen.

Ich habe momentan nicht so viel zu tun, ich habe eine größere Pause beschlossen, weil ich mich fortbilden muss. Irgendwie, auf irgendeine Weise gibt es für mich gegenwärtig keine Direktiven. Die Erde – deine Mutter Erde, euer Planet – befindet sich in einer zerrissenen Situation, am besten vergleicht man das mit dem Wort „CHAOS". Alles, was aus der geistigen Sicht von hier aus (und natürlich auch von ganz woanders her) getan worden ist, ist beinahe ins Leere gelaufen.

Warum der Großteil der Menschheit nicht bereit ist, mit Vernunft aus ihrer Vergangenheit zu lernen, weiß ich nicht, weiß hier auch keiner. Wir wissen nur, dass die Menschen, die bereit sind, Vernunft und Ordnung herzustellen, sich sehr schwer dabei tun, es kaum oder nur sehr knapp umsetzen können.

Mit Vernunft und Ordnung sind die göttlichen Gesetze gemeint. Sie haben nichts mit Logik und Gesetzmäßigkeit des menschlichen Verstandes zu tun. Es ist einfach nur die Ordnung der Vernunft, das Erkennen der Schwächen (Fehler), das Erlernen einer besseren, anderen Möglichkeit des Tuns und Denkens, und das daraus entstehende vernünftige Handeln.

Das alles kommt dir sicher bekannt vor. Es sind alte, längst bestehende Philosophien, zu denen auch die Lehre des Christentums gehört – wie schon gesagt, du kennst das.

Wir hier – wir sind einige – sollen – müssen – können – dürfen Wege finden, um die Menschheit doch noch wachzurütteln. Schwierig, schwierig und noch um vieles schwieriger. Es gibt diese alte Voraussage: Der Beginn des 3. Jahrtausends bringt Chaos, Krieg und Nöte. Jedes Chaos sollte irgendwann ein Ende haben – was denkst du, wann könnte dieses Ende sein?

Siehst du, es gibt so vieles zu bereden – ich will Antworten für Möglichkeiten, denn du befindest dich an Ort und Stelle. Und – du kannst meine Fragen nicht hören …

Habe dich lieb, brauche dich, vermisse dich und bin stolz, dein Erdensohn gewesen zu sein – ätsch – ich heb dich doch noch in den Himmel!
Dein Fritz

21. Oktober 2015

Meine allerbeste Freundin!

Hast du eine Ahnung, wie sehr du alle deine „Engel" hier in Atem hältst? Weißt du eigentlich, wie „anstrengend" du sein kannst? Bitte, sei so lieb und beginne endlich, dich auf dich selbst zu konzentrieren. Du brauchst alle deine Energie für dein „Pensionisten-Hobby", da du ja keine Kraft mehr hast.

Mama, bitte beginne auf dich zu schauen! Das ist immens wichtig, weil du dein „Seelsorgewerk" noch lange ausführen und auch begleiten willst. Also, ich falle noch einmal mit der Tür ins Haus: SCHONEN!

So, und jetzt zum angenehmen Teil bzw. zum unangenehmen Teil. Ich weigere mich mit all meinen Energien, dort Hilfestellung zu leisten, wo jetzt so viel an Unterstützung verlangt, weil gebraucht wird. Auch wenn das vielleicht nicht im „göttlichen Sinn" erscheint. Diese Menschenmassen, die da jetzt einen ganzen Kontinent zu überfluten beginnen, sind das Ergebnis einer groß angelegten Manipulation von Menschen selbst ausgelöst. Die Flüchtenden haben kein Wissen darüber, dass sie der Spielball dessen geworden sind, das du mit deinen eigenen Worten als „Geld, Gold, Gut, Immobilien …" bezeichnest. Aber, um in der Wahrheit zu bleiben, es geht nicht nur um Reichtum. Es geht in diesem Drama vorwiegend um die Macht über Menschen, die durch ihre eigene Unwissenheit in ihr Unglück „rennen". Diese Unwissenheit hat nichts mit Bildung zu tun. Es ist großteils der Neid auf die, denen es „besser" geht.

Ich könnte dir jetzt ein ganzes Buch darüber schreiben, was ich mit meinen Worten meine. Aber ich kann es nicht erklären. Alles das geschieht aus der Evolution heraus. Seit Menschengedenken rennen die Schwachen in die Arme der Starken. Der Krieg als solches ist immer nur die Auslösung, niemals die Ursache. Die Religionen sind stets die „Aufhänger", niemals der wahre Grund.

Erinnerst du dich an die geschichtliche Entwicklung des großmächtigen „Römischen Reiches" und die dazu entstehende Völkerwanderung? An die Geschichte des Mittelalters, an die Religionskriege? Immer waren und sind Menschen auf irgendeiner Flucht. Deine eigene Vertreibung ist noch gar nicht so lange her. Nur diesmal ist es eine inszenierte Flucht – die Opfer sind die, denen keiner helfen kann. Man kann ihre Leben retten – das ist aber die einzige Möglichkeit. Und ich frage mich, ob ein Erdenleben unter diesen Möglichkeiten rettenswert erscheint!

Ja, ich weiß, dass du jetzt nicht mit meiner Meinung einverstanden bist. Du hast deine Welt erlebt, sie war nicht sehr angenehm. Du hast das Beste daraus gemacht.

Was aber sagt die Erde zu ihrem gegenwärtigen Zustand – gibt sie diesen, gibt sie all den anderen Menschen noch eine Chance? Bitte, versuche mich zu verstehen, auch wenn du anderer Meinung bist. Wir beide driften im Denkmuster „Liebe" auseinander. Ich bin Realist, erschreckender Realist – das musst du jetzt akzeptieren – „ohne Wenn und Aber". Weil ein jeder das Recht hat, die Welt, die Schöpfung, den Tod und das Nachher auf seine Weise zu sehen.

Der Mensch der Welt hat die Schöpfungsmacht bereits großteils an sich gerissen … was wird wohl geschehen?

Hab dich lieb, bin bei dir, umarm dich ganz fest.
Dein Fritz

18. Dezember 2015

Meine geliebte Mama!

Gut, dass du da bist, ich habe dich schon vermisst – für diesen Zweck der Nachrichtenübermittlung. Ich bin sehr dankbar dafür, aber es ist eben doch ein wenig zu wenig. Sag jetzt nicht, ich sei unbescheiden. Ich bin dein Kind, daher steht mir dieses Recht zu. Krank sein geht nicht, das ist nur eine halbe Sache. Habe ich dir nicht gesagt, dass du dich ein wenig schonen musst? Habe ich, das weiß ich – nur du hast es augenscheinlich vergessen.

Hier gibt es viel zu tun. Das sind die Auswirkungen der Katastrophen, die sich auf der Erde häufen. Die Menschheit rast mit Geschwindigkeit in ihren eigenen Untergang und die Helfer aus dem geistigen Bereich sind machtlos dieser Situation gegenüber. Der menschliche Wille ist untergeordnet, das weißt du bereits – und dagegen kann keiner etwas tun.

Du musst dir keine Gedanken machen, du hast mit diesem „Wahn-Sinn" nichts zu tun, es wird dir auch nichts geschehen. Außer – du rennst weiter auf deiner eigenen Überholspur. Dann kommt so eine Art von „Krankheit" zurück – alles, damit du dich endlich zwischendurch einmal ausruhen musst.

Wir hier wissen alle, dass du „bereit" bist. Wir wissen aber auch alle, dass du dich nur sehr schwer von deinen Schützlingen trennen wirst und kannst. Es ist nicht die Familie, die dich zurückhält – das ist sicher. Es ist deine Aufgabe, die du nur sehr schwer loslassen willst. Dir fehlt das Vertrauen in Freunde, die sich als „Helfer" deklarieren. Du weißt um die Unzuverlässigkeit der Menschen an sich, denn deine Erfahrungen haben sich tief in dein Wissen geprägt. Menschen haben Schwächen – du nennst das immer noch Fehler – und es ist gut, wenn sie unter Aufsicht stehen. Damit bist du im Recht, Erfahrung bringt Kenntnis.

Aber – und jetzt kommt die wissende Weisheit aus der anderen Dimension: Schicksale kann man nicht ändern. Man darf auch nicht eingreifen. Man darf und soll allerdings helfen – das ist Gottes Wille der Barmherzigkeit.

All das ist für dich selbstverständlich. Nun gib aber auch anderen Menschen die Freiheit, „Gutes im Alleingang" tun zu können. Keine Sorge, das funktioniert schon. Auch das ist Gottes Wille zur Barmherzigkeit. Du hast einen guten Weg, einen sehr guten Weg vorgegeben. Jetzt tritt langsam zur Seite und lass die anderen weitergehen. Es ist ein Versprechen, wenn ich dir sagen darf, dass eine „höhere Macht" die Verantwortung für dein Lebenswerk längst übernommen hat. Ich weiß selbst nicht, wer oder was diese „höhere Macht" ist, das werden wir beide gemeinsam ergründen. Ich weiß aber, dass es sich im Dunstkreis dieser Macht sehr gut existieren lässt – ich bin wohl eines der besten Beispiele – und du auch!

Und jetzt, du liebste aller meiner je vorhandenen Mütter, wünsche ich dir, dass du diesen kommenden Festtags-Wahnsinn nicht nur gut, sondern auch mit Humor überstehst. Familie ist anstrengend und es sind eindeutig schon viel zu viele. Aber, du liebst sie alle – worüber sich viele hier freuen, sich jedoch auch sehr viele wundern.

Mach´s gut, Mama, besser gehts nämlich nicht mehr. Ich umarme dich ganz fest, gebe dir einige Busserln und zwei von denen auf deine Augen, weil ich dich liebe. Für immer und in alle Ewigkeit.

Dein immer bleibendes Kind, Fritz.

26. Februar 2016

Gott zum Gruß, geliebte Freundin und Schwester!
Geliebte Mama!

Es ist ein gutes Gefühl zu wissen, dass du auf einem so guten, weil vernünftigen Weg bist.
Es tut mir auch gut zu wissen, dass du dich zwischen all den Seiten und Zeilen des „Buches der Bücher" mit eigenständigen Gedanken bewegst. Und es ist um noch so vieles besser, dass du endlich Fragen stellst. Du hast somit den Mut aufgebracht, dieses „heikle" Thema zu „hinterfragen".

Nun, meine liebste, beste Freundin, ich will dir die Antworten geben. Obwohl – du hast dir einzelne Fragen schon selbst beantwortet. Ich habe Jesus hier kennengelernt, wieder neu entdeckt, denn im Prinzip kennt ihn ja jeder von uns. Von der geistigen Seite her als Meister der „Weißen Bruderschaft", als ein Teil der göttlichen Ordnung. Er steht für die Barmherzigkeit – es ist aber nicht die Bedeutung, die die Menschen darunter verstehen. Es ist einer der sieben Leitstrahlen, die da sind:

Ernst
Wille
Weisheit
Kraft
Geduld
Liebe und Barmherzigkeit

Er war der „Chef" des „Weltenmonats der Fische", der mit Ende des 20. Jahrhunderts ausgeklungen ist. Seine wichtigste Inkarnation war die als „Mensch Jesus", den die Autoren der Bibel viel zu sehr mystifiziert haben. Wie das mit Nacherzählungen eben so geschieht. Jesus war Mensch, war Mann, war Ehemann und Vater. War Philanthrop, war Philosoph, war Ethiker und … ein träumender Idealist.

Seine Aufgabe war, den Menschen den Begriff des Friedens, der Nächstenliebe (Akzeptanz, Toleranz, Respekt dem anders Denkenden gegenüber) verständlich zu machen. Am ehesten ist er vergleichbar mit GHANDI, wenn du die richtige geschichtliche Zeit dazu nimmst. Er war durch und durch Mensch und er hatte auch menschliche Schwächen. Er wurde gegen seinen Willen posthum zum Heiligen gemacht. Sein Name, sein Werk wurden als grenzenlose Macht missbraucht, die Schöpfung wurde dazu benützt, die Menschen in seinem Namen zu Schandtaten aufzurufen. Er wurde verurteilt, ans Kreuz genagelt – ein schändliches und völlig normales Strafmaß zur damaligen Zeit – er ist jedoch nicht gestorben. Er lag lange danach im Koma, wurde gesund und ging aus Judäa weg (Indien, Asien).

All dieses Wissen wurde von der Institution „Kirche"

beschlagnahmt durch Jahrhunderte. Kommt aber jetzt im neuen Weltenmonat des Wassermannes ans Licht. Mit diesem Wissen um die Wahrheit ist das Verlöschen der sogenannten Christlichen Kirche vorausgesagt. Er, Jesus, hat es schon zu seinen Lebzeiten erwähnt.

Hier bei uns ist er ein großer „Geist" und gut bekannt. Jedes Menschenkind trägt einen göttlichen Funken in sich. Dieser Funke ist ein Seelenteil des Meisters, zu dem eine Seele zugehörig ist. Ich stamme nicht aus der Christus-Energie, ich gehöre zu Meister Kuthumi, der jetzt Weltenregent ist. Aber, das ist momentan für dich nicht von Belang.

Nachdem du dich als „Vorzeigemodell" der Nächsten-liebe entwickelt hast, stammt dein göttlicher Funken aus der Christus-Energie. Er ist Licht und Liebe, Freude und Friede – das bist du, das ist dein Weg. Und du bist eine Kämpfernatur – das ist die Christus-Energie. Das ist dein Wissen um die Barmherzigkeit – es ist das, was aus Christus-Energie auf irdischer Basis entsteht.

SOMIT IST JESUS DEIN BRUDER –
CHRISTUS DEIN WEG –
DAS CHRISTUS-LICHT DEINE SCHWINGUNG

Somit bist du als Mensch aus der Christus-Energie ent-standen. Dein Seelenname ist daher Christiane … und wir alle sind Teile aus der Schöpferkraft der Allmacht – dein Wort dafür ist GOTT.

Es ist ein so großes Geschenk meines Schicksals, dass ich so früh die Seiten wechseln durfte. Denn wer – wenn nicht ich – hätte dieses Gespräch mit dir führen dürfen – können?

Hab dich unendlich lieb und bin dankbar, dich als Mutter haben zu dürfen.
In Liebe – Freude – Licht und Friede.
Fritz

22. April 2016

Meine liebe Mama!
Meine geliebte, beste Freundin!

Ich bin so froh, dass du dich noch durchgerungen hast, auf einen endlosen „Besuch" hier bei uns zu verzichten. Das war eine gute Entscheidung, denn du wusstest ja nicht, wie es dir hier ergangen wäre. Oder ist es dir gleichgültig, wie es deinen Menschen ergeht, wenn du frühzeitig hier ankommst. Ob du es glaubst oder nicht, du hättest es „miterlebt", denn dein Schicksal und das derer hätten keine Entscheidungen im positiven Sinn auf die „Schnelle" treffen können.

Pläne sind da, um eingehalten zu werden – aber jetzt hast du es sicherlich verstanden. Darum bin auch ich jetzt wieder beruhigt. Du hältst uns ganz schön in Atem – nicht auf Trab!

Das Mensch-Sein ist ein sehr komplizierter Vorgang. Da muss man schon eine sehr weise Seele sein, um es richtig zu durchblicken. Und wenn sie alt ist, diese Seele, dann ist es noch besser! Wenn ein Mensch stirbt, wird die Energie der Seele frei und geht in eine andere – dir bereits bekannte Dimension. Dort verbleibt sie längere Zeit (nach Belieben), um dann „weiterzuziehen". Je „weiter" sie sich von der irdischen Dimension entfernt, desto unwichtiger werden vergangene Situationen des Mensch-Seins. Und irgendwann ist das Vergessen da, es gibt keine Erinnerung mehr an das vergangene Erdenleben. Alle Sorgen, alle Probleme, alle Schwierigkeiten, alle Mühsal – weg, einfach weg. Für wie lange – niemand weiß es genau.

Aber irgendwann fasst diese Seele den Entschluss, ein neuerliches Erdenleben zu beginnen und denkt über Möglichkeiten dazu nach. Oder sie wird belehrt und unterrichtet, Vorschläge werden unterbreitet. Dann fällt die Entscheidung – irgendwann. Viele Seelen gehen völlig neutral in ein neues Erdenleben, manche widerwillig, ungern, viele andere mit Begeisterung. Aber mit der Zeugung oder der Geburt gehen beinahe alle Erinnerungen in den Zustand der Vergessenheit. Und dann beginnt das Leben – und keiner hat eine Ahnung von der Realität. Am Vernünftigsten ist es dann, dem Schicksal zu vertrauen, an sich selbst zu glauben, einen Halt eventuell im Glauben zu finden und zu leben – wie auch immer – das **Los** zu lassen, das Schicksal laufen zu lassen. Denn in ihm steckt all das, was wichtig für den Erfahrungs- und Lernprozess Leben ist. Glück oder Unglück, Freude oder Leid, Liebe oder Hass – alles hat seine Ordnung, seine Richtigkeit.

Nur – wenn man sein Leben aufs Spiel setzt, fällt man aus der Ordnung und muss sich neu orientieren. Das ist schwierig und nicht lustig.

Genau das musste ich dir jetzt mitteilen, damit du die Richtigkeit deines Tuns erkennst. Auch dann, wenn es dir schwerfällt. Dein Leben ist bis jetzt kein Poesiebüchlein gewesen, eher so ein Märchen der Gebrüder Grimm – nicht unbedingt von der angenehmen Sorte. Aber es gibt immer noch ein Happy-end: Und wenn sie nicht gestorben ist, dann lebt sie auch noch heute … und morgen, übermorgen und bis ans Ende ihrer Tage!

Mama, ich habe dich unendlich lieb. Aber, bitte, noch einige Zeit aus der Ferne.
Bussi Fritz

25. Mai 2016

Meine allerbeste Freundin!
Meine geliebte Mama!

Weißt du eigentlich, wie sehr ich mich jedes Mal auf unsere gemeinsamen Zusammenkünfte freue – ja, du weißt es, denn deine Freude ist um so vieles heftiger als die meine. Und das deshalb, weil ich ja dein ständiger Begleiter bin, dich sehe und mit dir alles gemeinsam tue. Ja, auch dann, wenn du schläfst. Wir sind stets miteinander und die Ausnahmen stehen nicht zu Buche.

Wenn ich an meine irdisch-menschliche Vergangenheit denke, habe ich beinahe ein „schlechtes Gewissen". Ich hätte mich wirklich mehr um dich kümmern und sorgen sollen, aber du weißt ja, wie das so im Leben läuft. Es gibt Menschen, die sind so stark im Willen, so felsenfest von ihrem Tun überzeugt, dass sie wie eherne Säulen vor einem selbst in den Himmel ragen. Menschen, die alles schaffen, alles können, immer einen Ausweg wissen und mit ihrer Rechtschaffenheit dem Rest der Welt gewaltig auf die Füße treten bzw. gewaltig auf die Nerven gehen. Tut mir leid, aber so habe ich dich gesehen. Dabei habe ich auch immer Angst gehabt, nicht zu entsprechen.

Aus diesen Gründen – zumindest meistens – bin ich das geworden, was ich als Mensch und Mann war: Ein Genie – vielleicht kein großes, aber auch kein kleines. Die Richtung war gut, der Weg nicht so. Aber ich habe es noch rechtzeitig erkannt. Dass mein „Erbe" so viele gute Möglichkeiten hinterlassen hat, verdankt es deinen „Fußtritten".

Du warst also die Frau, die hinter diesem so erfolgreichen Mann gestanden hat. Dafür danke ich dir. Du bist so absolut positiv – eben wie diese „eherne Säule". Ich will aber, und darum bitte ich dich, dass du dein Menschenbild ein klein wenig korrigierst. Wenn du nämlich erst einmal hier eingetroffen sein wirst, wird dein Leben wie ein Film ablaufen. Mit allem, was sich darin bewegt hat. Und es muss nicht sein, dass du dann entsetzt, erschrocken oder wie auch immer bist, wenn du die Wahrheit erkennst. Wahrheiten tun immer weh, wenn man sie zuerst verkannt hat. Deshalb meine ich, dass du dir die Menschen wenigstens ein klein wenig unter einem nicht so positiven Aspekt ansehen solltest.

Im Prinzip geht es mir sehr gut, weil ich diese, jetzt noch deine Welt verlassen durfte. Ich wünschte, du könntest diese dunkle Wolke selbst erkennen, die den Planeten

Erde einhüllt. Deine Schreiberin weiß um diese dunkle Wolke und ihre Zunahme an dunkler Energie. Was aber auch sie nicht mehr weiß, dass die Dunkelheit sich in blutrot verfärbt hat. Und was das bedeutet, kann sie dir – so sie es will – selbst erklären. Es hat wohl keinen Sinn, auf ein Wunder von Seiten der Allmacht zu warten – Wunder kann nur mehr jeder Einzelne selbst vollbringen: Im Kleinen, im Helfenden, im Geben. Nicht aber im Nehmen, dafür ist es bereits zwölf Uhr, vielleicht auch zehn nach zwölf.

Mama, ich bin froh, dass du keine 20 Jahre mehr bist. Du hast alles getan, was getan werden musste. Du hast alles gegeben und noch ein „Schäuferl" nachgelegt. Du bist ein „Engel auf Erden" mit beiden Beinen in der Realität. Nur im Kopf – da musst du nachbessern, BITTE!

Habe dich unendlich lieb – aber das weißt du ja!
Fritz

16. September 2016

Meine allerbeste Freundin!

Lieb von dir, dass du dich wieder auf diese Weise bei mir meldest. Alles andere ist ja doch nur halb und halb ist ein wenig zu wenig. Aber jetzt, jetzt geht es wieder.

Natürlich bin ich mit Willi einer Meinung. Du siehst nicht nur müde aus, du bist einfach erschöpft.

Hast du eigentlich schon einmal nachgedacht, wie dein

Werk eines Tages ohne dein Mitwirken weitergehen soll ... das ist jetzt eine ganz sanfte Aufforderung, ein Wink mit einem Zaunpfahl, dass du dich wirklich um Nachfolger umsehen solltest. Ich weiß, dass niemand gut genug für dich ist, weil du so große Ansprüche an dich selbst stellst. Aber du musst einfach anderen Menschen eine Chance geben. Mama, du bist eine Perfektionistin! Die sterben aber langsam aus im Zeitalter der virtuellen Welt. Daran solltest du dich langsam gewöhnen – ein Zurück gibt es nicht mehr. Das ist einfach reinste Gewissheit.

Von mir und über mich kann ich gegenwärtig nicht viel berichten. Es ist nicht einfach, sich mit eurer Welt auseinanderzusetzen in dem Wissen, dass man zwar um Hilfe gebeten wird, die Menschen jedoch erwarten, selbst nichts dazu tun zu müssen. Es geht lustig drunter und drüber auf der Erde und es ist nicht lustig, dabei zuzusehen.

Ich bin gerade dabei, mich um die Bootsflüchtlinge zu kümmern – um die Ertrunkenen natürlich. Das kannst du dir sicher gut vorstellen. Man muss nämlich selbst Ähnliches durchgemacht haben, um da helfend unterstützen zu können. Wut und Hass schlagen einem da entgegen. Rachegedanken sind an der Tagesordnung. Und es ist sehr schwer möglich, mit diesen Seelen vernünftig zu reden. Sie fühlen sich im Recht, sie verlangen Gerechtigkeit und haben als Menschen nie daran gedacht, für andere etwas zu tun. Das, was sie verlangen, einfordern, betrachten sie als Selbstverständlichkeit. Ich weiß, du stellst jetzt alle Haare auf und – ja natürlich, es gibt auch Andersdenkende. Aber die sind nicht in meinem Aufgabenbereich.

Hab dich lieb, geh jetzt auf große Fahrt mit dir und werde dich zupfen, wenn es zu viel wird.
Fritz

8. November 2016

Meine geliebte und beste Freundin!
Meine geliebte Mama!

Es tut mir wirklich gut, dich wieder in Ruhe – wenigstens einigermaßen – zu finden. Du brauchst jetzt wirklich Zeit für dich, denn deine „abenteuerlichen" Unternehmungen strengen dich doch mehr an, als du es zugeben möchtest.

Nein, schüttle jetzt nicht den Kopf – ich habe recht. Das Gute daran ist jedoch, dass du alles mit dieser tiefen, innigen Freude machst. Diese innerliche Begeisterung ist die Energie, die deinen Körper zu diesen Höchstleistungen antreibt. Ich glaube, wenn du dich entschließest, dich auf deinen „Lorbeeren" auszuruhen – du würdest und könntest es nicht überleben.

Aber in einer Beziehung denkst du nicht ganz richtig. Es ist schon so, dass du eine ganze Armee von Helfern mit dir mitnimmst, aber es sind „nur" Helfer. Deine Kraft, deine Energie, dein Mut, deine Tapferkeit, deine Stärke, dein Wille und deine Ernsthaftigkeit für deine Taten – sie alle kommen aus der GÖTTLICHEN LIEBE. Es ist diese universelle, allmächtige Kraft, die Menschen wie dich, wie Mahatma Gandhi, wie Konrad Lorenz, Albert Schweitzer und Mutter Teresa antreibt. Es ist dein Wissen um die Barmherzigkeit, die zu deinem Leitstrahl geworden ist. Ein Wissen, das nichts, absolut nichts mit dem menschlichen Verstand zu tun hat. Es kommt aus der GÖTTLICHEN GNADE, die dir zuteil geworden ist. Nicht erst in diesem Leben, irgendwann, irgendwo aus einem ganz bestimmten Auftrag heraus.

Menschen wie du sind die Vorreiter für eine bessere Welt, einer vernünftigen Ordnung in einer materiellen Schöpfung. Vielleicht gelingt es dir, ist dir vielleicht schon gelungen, eine Saat auszustreuen, die irgendwann einmal auch Früchte tragen wird. Einzelne „Körnderln" sind ja schon da. Und möglicherweise bringen sie irgendwann einmal eine Ernte. Es muss ja nicht sofort ein Riesenerfolg sein.

Also, du musst jetzt auch ein wenig umdenken, denn es ist dein Werk, das da seinen Gang geht. Und es ist nicht einmal nur die Liebe, die da zum Zug kommt. Es ist für dich diese Art der „ausgleichenden Gerechtigkeit", die du durchführen kannst. Das Prinzip des Gebens und Nehmens, von dem so viele Menschen träumen und reden – leider meistens nur reden.

Mama – Menschen wie du formen eine neue Schöpfung in der alten, ein neues System, entstanden aus einem veralteten. Es ist nicht gesagt, dass diese neue Art auf dieser Welt noch so richtig zum Tragen kommt. Das ist auch nicht wichtig. Denn es gibt bereits eine neue Schöpfung, eine geistige Welt, in der deine Taten bereits als Energieform beispielgebend sind und sein werden.

Wann? Wo?

Du wirst es selbst erleben. Nur musst du zuerst einmal deinen Körper in deiner materiellen Welt ablegen – wo immer du es für richtig findest. Danach wirst du dich in der neuen Schöpfung wiederfinden. Wo? Na, dort, wo ich bin, wo wir alle bereits eingetroffen sind. Dort, wo wir gerne länger verweilen würden – wenn, ja, wenn du nicht stets eine ganze Armee von Geistern zur Unterstützung aufriefst. – Nun, wir machen es gern, weil wir dich lieben und hoffen, du legst hier in unserer Welt ein gutes Zeugnis für uns ab.

Bis dahin – dein Geister-Reigen schwebt um dich in Liebe, Licht und Freude. Und dein Hauptgeist umarmt dich ganz, ganz innig mit einem dicken Herz.
Fritz

2. Dezember 2016

Geliebte Freundin und … geliebte Mama!

Ich bin so dankbar, dass es diese „Zauberei" gibt, die es verhindert, die Toten von den Lebenden zu trennen. Damit ist das alte Wissen wieder zum Leben erwacht und stellt eine große Hilfe dar. So viel zu meiner Philosophie …

Danke, dass du mich als so unendlich liebevolle Erinnerung in deinem Herzen trägst. Es ist für mich, als ob du einen Teil meines nicht vollendeten Erdenlebens für mich weiterträgst. Ein Teil von mir ist in dir, der andere Teil schwebt um dich herum. Nicht unbedingt ein leichtes Tun, aber ein angenehm wichtiges. Schließlich verlässt du dich auf mich und meine Gegenwart und ich weiß, wie unerbittlich „streng" du sein kannst. Und genau darauf will ich es nicht ankommen lassen.

Du willst wissen, wie es mir geht. Es geht mir gut, schon alleine deshalb, weil ich nicht mehr Mensch sein muss. Ich hatte genau zum rechten Zeitpunkt den passenden Übergang. Dieser Zeitpunkt hat verhindert, dass ich meinen Weg – du weißt, was ich damit meine – verloren hätte. Ich war auf dem besten Weg, in die Schöpfung eingreifen zu können. Zumindest habe ich angenommen, es ohne Wenn und Aber tun zu dürfen. Gott sei Dank – wo auch immer dieser Dank nun hingeht – wurde all das verhindert.

Ich hatte noch keine „Zeit", dieser Situation auf den Grund zu gehen. So komisch das klingt, aber ich hatte weder „Zeit" noch „Gelegenheit" mich dort zu bedanken, von wo dieses „Halt – so nicht weiter" gekommen ist. Mittlerweile weiß ich jedoch ganz sicher, dass all das, was jetzt auf eurem Planeten Erde geschieht, die Ordnung der Schöpfung verlässt. Das bedeutet, dass die Zerstörung all des Wesentlichen mit Windeseile vor sich geht. Auch darum, weil so viele Menschen die Augen vor den Tatsachen verschließen. Das, was ich durch meine Forschung erreichen wollte, ist ein absoluter Eingriff in das Schicksal eines oder mehrerer Menschen. Genau das ist nicht im Plan der Schöpfung enthalten. Aber ich weiß auch noch nicht, wer als „Schöpfung" zu bezeichnen ist. Diesen „Gott" gibt es augenscheinlich nicht, der Begriff ist durch zahllose Sekten und Religionen dermaßen verballhornt und etwas anderes ist für mich und für viele, viele andere Wesen nicht erkennbar.

Auch der Ausdruck „Seele" ist irreführend, denn wir sind Wesenheiten aus Energie mit allen Attributen, die dazugehören. Uns fehlt lediglich der materielle Körper mit den Gefühlen, die eine Fortpflanzung verlangen. Also Wesen auf rein energetischer Basis. Seelen klingt gut für die Menschen, führt aber zu einer verwirrenden Vorstellung. Also Wesen – das ist um so vieles leichter zu verstehen. Es scheint mir so, dass sich die Erde als solche in absehbarer Zeit ad absurdum führt. Aus dem Zerstörungswillen – bei euch ist es der so beliebte Forscherdrang – ersteht nichts Neues, es wird nur Altes vernichtet. Und wie gesagt, ich durfte rechtzeitig auf meine „Neugierde" verzichten.

Du siehst, es geht mir gut, weil ich nach und nach zu Erkenntnissen gelange. Als Mensch macht man Erfahrungen, als Wesen erkennt man die menschlichen Schwächen. Ich hoffe, du verstehst all diese geschriebenen Worte. Es ist nämlich nicht leicht, geistiges Wissen in irdische Begriffe zu formen. Ich tue mein Bestes und gebe mir die allergrößte Mühe.

Mama, habe dich lieb, bin da und hoffe, du gönnst dir jetzt etwas Ruhe. Diese Wochen sind ja die Zeit der Besinnung, so hast du es mich gelehrt. Meine Bitte – lebe sie auch. Ich freue mich auf ein Wiedersehen, aber so, als Geist um dich zu schweben, hat auch seinen Reiz!

Umarme dich mit einem dicken Kuss.
Dein Fritz

28. Dezember 2016

Meine allerbeste Freundin!

Lieb von dir, dass du jetzt wieder hier sitzt. Wir tun uns nämlich um vieles leichter, wenn auf diese Weise gesprochen – nicht geredet – wird. Schade nur, dass es doch verhältnismäßig selten ist. Es gibt doch so vieles zu erzählen, auch menschliche Probleme sind angesagt. Ich frage mich oft, meine liebe Freundin, wie du es als Menschenfreundin in dieser Welt aushältst, wie du mit dem „Drum-Herum" zurechtkommst.

Ich weiß ja, dass du der Typ des „halbvollen Glases" bist, aber ich denke, so ganz ehrlich bist du da nicht zu dir. Denn Tatsache ist, dass sich deine Welt auch bereits sehr verändert hat. Und das nicht immer zum Positiven.

Ich habe – als ich noch Mensch war – sehr bald eingesehen, dass es nicht so besonders vernünftig ist, den Menschen freie Hand zu lassen. Sie sind für all die Möglichkeiten der Besonderheiten nicht reif genug. Sie sind wie Kinder, die alles haben wollen, um es bei der nächstbesten Gelegenheit kaputtzumachen, zu ruinieren und auch völlig zu zerstören. Leider nicht nur das – sie drehen das Positive ins Negative und sind darüber auch noch stolz und begeistert.

Warum ich heute so wenig positiv bin? Weil du mich über meinen ehemaligen Lehrer fragst. Und jetzt bin ich sehr, sehr angenehm überrascht. Warum? Weil er begriffen hat, worum es im Leben geht. Es geht im Leben als Mensch nur um eine einzige Angelegenheit, nämlich um eine Erkenntnis. Es ist die Erkenntnis, welchen Weg ich gehe. Als Mensch und als Nichtmensch – als Seelenwesen, als Seele oder Energiekörper. Such dir den dir passenden Begriff selbst aus.

Man muss sich also entscheiden, auf welche Seite man nach dem Tod wechselt. Manche Menschen tun es, viele aber bleiben auf der Strecke, weil sie sich nicht entscheiden können, wollen oder es aufschieben. Auf diese Seelen wartet dann eine harte Schule – absolut kein Himmel.

Mein Professor hat sich entschieden. Augenscheinlich ist er auch mit seinen Forschungen etwas zu weit gegangen – so wie ich – und hat begriffen, dass in die Schöpfung nicht eingegriffen werden soll. Tut man das nämlich, vollzieht man als Mitbeteiligter den gewaltigsten Zerstörungsprozess, den es je gegeben hat. Und glaube mir, genau der ist bereits im Gange. Also – man hört auf, steigt aus und stößt auf das Nicht-Bewiesene. Und jetzt wirds spannend: Das Nicht-zu-Beweisende wird Realität und ergibt den Sinn des Lebens. Für jeden anders und doch auf dieselbe Art.

Engel hin oder her – wer an sie glaubt, für den existieren sie. Wir alle sind als Menschen Kinder in einer Welt, die an das Christkind und den Osterhasen glauben. Solange, ja, solange, bis wir es nicht mehr tun. Um es uns zu beweisen, dass es diese Wesen nicht gibt, muss sich jeder Mensch zuerst einmal damit beschäftigen. Ob es nun Engel gibt – erst wenn sie nicht bewiesen werden, stellt sich die Tatsache ein, dass es eben keine gibt. Und das beweise erst einmal.

Er ist auf einem guten Weg. Aber genau das war zu erwarten. Und, wenn du jetzt ein wenig verwirrt bist – ich bin es auch. Denn es gibt Erklärungen, die ein ganzes Buch füllen und doch keine Antwort sind. Das ist – so eigenartig es klingt – der Sinn des Lebens.

So, und jetzt: Habe dich lieb, bin bei dir und wundere mich über nichts mehr!
Fritz

26. Januar 2017

Meine allerbeste Freundin!

Ich danke dir dafür, dass du mich so positiv als Mensch beschreibst. Aber ganz so großartig bin ich wirklich nicht gewesen. Es hat sich einfach so ergeben, weil eine Situation mich in eine neue Situation geführt hat, wenn sich Unklarheiten ergeben haben. Ich war – dem Himmel sei´s gedankt – kein sehr friedvoller Mensch. Zumindest nicht dort, wo es um meine berufliche Qualifikation gegangen ist. Das weißt du, aber du weißt nicht alles. Da muss ich dir einiges noch detaillierter erklären:

Es ist mir wohl bewusst gewesen, was ich aus meinem irdischen Wissensdrang heraus alles getan habe. Anfangs ohne Rücksicht auf diverse Folgen für die Gesamtheit der Menschheit. Neugierde ist eine noch nicht explodierte Bombe mit schrecklicher Gewissheit. Aber das muss man als Wissenschaftler erst einmal erkennen. Diese Erkenntnis braucht Zeit – Zeit zum Überlegen und zum Nachdenken. Und genau diese Zeit hat man nicht, wenn man am „Ball" des Wettlaufes bleiben will. Und ich wollte das genauso wie die anderen Forscher. Ich war einer unter einigen Wettläufern.

Aber das, was mich wirklich „aufgeweckt" hat, waren die vielen Hindernisse, die mir in den Weg gelegt worden sind. Die Umstände sozusagen, die die Forschung immer wieder verzögert haben – die Ergebnisse, gute Ergebnisse ad absurdum geleitet haben – kurz, diejenigen, die immer und immer wieder versucht haben, die „Guten" – also auch mich – aus der Bahn zu werfen. Auf welche Art auch immer.

Diese „Schachzüge" haben mich zum Nachdenken gebracht, ob das, was ich da tue, wirklich zum Wohle der Menschheit sein wird oder ob es lediglich einigen wenigen „Auserwählten" hilft, noch reicher als bisher zu werden.

Genau über diese Erkenntnis bin ich gestolpert. Da habe ich erkannt, dass mein Wissen erst dann zur Realität wird, wenn ich keine Macht mehr darüber haben werde. Weil die Wissenschaft und ihre Umsetzung aus der Theorie in die Praxis mir die Verantwortung für mein Tun aus der Hand nehmen wird.

Der Gedanke an den Sinn der Schöpfung ist viel später gekommen. Da war meine Entscheidung bereits getroffen. Ich konnte die Entwicklung dieser manipulativen Technik an menschlichen Genen nicht aufhalten. Aber ich wollte kein Mittäter sein und werden! Alles andere ist dir ja bekannt.

Wer ich wirklich bin, wer ich als Mensch gewesen bin – das alles hat sich durch meinen Tod offenbart. Auch wenn es für dich sehr schmerzlich gewesen ist – es ist gut so, wie es ist. Und du kannst stolz sein auf deinen Sohn, der Verantwortung für die Weiterentwicklung der Menschheit übernommen hat – indem er auf irdischen Größenwahn verzichten konnte.

Mama, ich bin froh, dass es dich für mich gibt, denn du bist ein Teil meiner geistigen Weiterentwicklung.

Ich umarme dich ganz fest in Liebe und Frieden.
Fritz

7. April 2017

Meine geliebte Mama!

Ich habe deine Gegenwart schon sehr vermisst, da du zwar mit mir in Verbindung stehst, jedoch die Kommunikation trotzdem nicht so gut funktioniert wie auf diese Art und Weise.

Es ist schon richtig, dass unsere „Zeit" mit deinem Zeitbegriff nicht übereinstimmt. Tatsache ist jedoch, dass du immer weniger Zeit hast. Ein Phänomen, das dir niemand erklären wird können, da alle Möglichkeiten nur Annahmen sind. Irgendetwas an deinem Zeitbegriff musst du also ändern, damit mehr Zeit für uns übrigbleibt. Nur, bitte, frag mich nicht wie!

Ich sehe auch, dass du müder geworden bist, deine Au-

gen verraten es. Aber da kann und darf ich dir Hilfestellung geben. Wenn du in der Nacht, also in deiner
„Schlafperiode", zu uns, zu mir kommst, seelisch natürlich, dann komm, bitte, einfach nur auf ein „Tratscherl"
unter Freunden. Du bist auch hier umringt von Wesen,
die sich Hilfe von dir nicht nur erhoffen, sondern auch
erwarten. Und du versuchst mit großem Energieauf-
wand allen gerecht zu werden, um dann ausgepumpt
und erschöpft an den häuslichen Herd zurückzukehren.

Mama, diesen Wesen brauchst du nicht zu helfen, zumindest jetzt noch nicht. Du bist noch als Mensch in der
Materie aktiv und von Nutzen – natürlich ungemein
wichtig – und es darf niemals mehr sein. Erst dann,
wenn auch du hier einkehrst, kannst du helfend unterstützen. Alle diese Wesen bekommen Hilfe, Anerken-
nung und Verhaltensrichtlinien von einer großen Schar
geistiger Helfer. Die sind für sie da, auch wenn es diesen Wesen lieber ist, wenn sie dich „sekkieren" können.
Du bist die einfache Lösung. Die meisten kennen dich
von der Erde als Menschen und sind es gewöhnt, dass
für sie „getan" wird.

Hier ist es nicht mehr so einfach, sich durchs Dasein geleiten zu lassen. Hier müssen sie selbst aktiv werden,
um Erkenntnisse zu bekommen. „Handerl halten" und
„an der Hand geführt" zu werden ist Erdenschule, hier
ist eine andere Ordnung.

Du bist einfach zu gutmütig, zu großzügig, zu hilfs-
bereit und zu christlich in Nächstenliebe. Hier bei uns
muss Nächstenliebe „gelebt" werden. Jeder für sich und
mit sich. Das ist eine der schwierigsten Aufgaben, die

getan werden muss. Jede Seele mit sich! BASTA!

Meine beste Freundin, du musst Energie nachtanken. Es
ist schön, wenn du nächtens kommst, aber bitte, mach
eine Pause, bleib in dir, mit dir für die nächste Zeit.
Dann kann ich hier mit Freunden den Saal räumen und
dann gehört deine Zeit der nächtlichen Ausflüge wieder
uns und nur den Lieben, die du dazu einlädst. So soll es
nämlich sein, so und nicht anders!

Ich bin stolz, dein Sohn gewesen zu sein und umarme
dich ganz fest und bin, dein Fritz.

19. Mai 2017

Meine geliebte Freundin und Schwester!

Es ist ein wunderbares Gefühl, dir beim Erzählen zuzuhören. Alle sind sie dann da, alle diejenigen, die so gerne
mit ihren Hinterbliebenen Kontakt hätten und dennoch
einsam und auch hilflos in deren Nähe gestrandet sind.
Und auch diejenigen sind da, die dir „begierig" zuhö-
ren, hinhören und Erfahrungen zur Kenntnis nehmen.
Erfahrungen, die sie selbst als Menschen hätten machen
können, die sie jedoch verabsäumt und versäumt haben. Sie alle sind da, sind rund um dich geschart und
wissen, was für sie eben nicht möglich ist, nicht gegeben war. Und sie lernen aus deinen Worten, wie es sein
kann, wenn man seinem „Da-Sein" hätte Sinn geben
können, wie man ein Erdenleben sinnvoll von Anfang
an zu Ende bringen kann. Deshalb sind sie da, leben mit
dir, lernen von dir. Und du bekommst durch und von

all diesen Wesen Stärke und Energie, Mut und Zuversicht, Hoffnung und Tatkraft. Denn ihre Schwingungen gehen nahtlos und direkt auf dich über.

Es sind nicht die „Engel", die dich begleiten, die vieles für dich richten und bereiten. Es sind diese Wesen, die den Anschluss an das Wissen um die Wahrheit der Klarheit in der Ordnung der Göttlichkeit nicht erhalten haben, weil sie außerhalb der Vernunft als Menschen gelebt haben. Durch dich erhalten sie dieses Wissen, sie erahnen die Weisheit der Göttlichkeit und sie werden diese Erkenntnisse mitnehmen. Dorthin, wohin sie weiterziehen werden, dorthin, wo sie die neuen und doch so alten Erkenntnisse werden „leben" können, um sie dann letztendlich im Sein, im Selbst weiterzugeben.

Das alles ist von größter Wichtigkeit für uns alle. Für dich, für mich, für all die anderen.

So, und jetzt zu mir. Was soll ich sagen? Jetzt bin ich dazu aufgefordert worden, mich um all dieses Geschehen zu bemühen, als Lehrer vor einer Schulklasse von „blutigen Anfängern". Das ist jetzt mein Tun, weil es so gewollt wird. Weil es so gebraucht wird. Ich habe alle meine „jenseitigen" Erfahrungen in Kenntnis umgesetzt und bin zu dem Entschluss gekommen, der „Christ" zu sein, der ich als Mensch nicht war. Ich gebe also Wissen im „sozialen Umfeld" weiter und lehre Seelen, an etwas zu denken, an etwas zu glauben und etwas zu tun. Etwas, das sie bereits vergessen haben, weil die Verlockungen des Erdenlebens doch zu verlockend waren. Weil sie aus Schöpfungen kommen, die der Erde gleichen, vielleicht jedoch noch etwas „rüder" sind.

Mit menschlich-irdischen Worten bin ich umgeben von Volksschülern, pubertierenden Hauptschülern und Neugierdenasen. Und du bist die Hauptbeteiligte, weil du so spannend die großartigen Tatsachen erzählen kannst.

Als Kind habe ich Märchen bewundert, jetzt muss ich sie erklären. Und das alles mit meiner irdischen Vergangenheit als Gen-Forscher. Die Welt ist ein Narrenhaus. Und jetzt muss ich versuchen – nein tun – einen Teil wieder in die Ordnung der Vernunft zu bringen … schauen wir, was kommen wird.

Habe ich dir schon gesagt, was du für ein wundervoller Mensch bist, du großartige Mama? Wenn ja, dann sag ich noch, wie lieb ich dich hab … SEHR!
Fritz

7. Juni 2017

Meine allerbeste Freundin, Kameradin und geliebte Mama!

Alle deine Fragen beantworte ich dir mit einem einzigen Satz: Ja, ich reise mit dir, wo immer du hinwillst, und ja, ich schwebe auch mit dir auf die Alm – gut so?

Und ja, ich bin stets in deiner Nähe und gebe dir all mein Wissen, meine Energie und meine Liebe, wann immer du sie willst und gebrauchen kannst.

Und ja, ich bin mit all dem, was du tust, einverstanden. Und nein, es ist mir nicht recht, dass du dich so wenig um dich sorgst. Das macht mir – ohne Kopf – Kopfzerbrechen, denn du bist in dieser Beziehung sehr eigenwillig.

Und ja, auch ich verstehe nicht, warum sich deine – unsere Familie dir gegenüber so verhält, du möchtest doch nur verstanden werden. Auch ich bin mit dieser Art nicht einverstanden. Aber das geht mich nichts mehr an.

Vielleicht kann ich dir eine Erklärung geben. Aus rein menschlicher Sicht. Die Menschen lehnen im Prinzip alles ab, was anders ist. Alles, was nicht unbedingt der Norm entspricht, ist mit Vorsicht zu betrachten. Außerdem – es ist äußerst anstrengend, sich über die „Andersartigkeit" von anderen Gedanken zu machen. Anstrengend und unnötig, weil es ja nichts „bringt".

Und du, meine Mama, bist nun einmal „anders". Völlig anders als alle die Menschen, die man so im Großen und Ganzen kennt. Und, so leid es mir tut, in Bezug auf Familie kann man dich nicht so richtig „gebrauchen". Geben ist immer gut, wenn der nimmt, der sich als rechtlich bestimmt.

Nun, du gibst dort, wo du es als rechtlich erkennst. Da kommen zwei vollkommen unterschiedlich anschauende Welteinstellungen sich absolut in die Quere. Und in Familien-Situationen geht ein derartiger Widerspruch stets daneben.
So, nun stehst du wieder dort, von wo du ausgegangen bist. Es gibt also keine Erklärung, weil die ganze Situation ein Widerspruch in sich ist:

Du willst helfen und tust es um der Gerechtigkeit Willen.

Die anderen wollen nicht, dass du es tust, um des Rechts wegen. Somit stehen sich zwei Überzeugungen gegenüber und es gibt keine wie auch immer geartete Lösung.

Ich hoffe sehr, dass du mit diesen Worten endlich deinen inneren Frieden findest. Denn, wer da tatsächlich im Recht ist, das bestimmt das Schicksal jedes Einzelnen. Doch, wer kennt eigentlich seine Bestimmung? Wer macht sich die Mühe, sie zu erkennen? Und, wer lebt dann auch noch gemäß seiner Bestimmung? Du ganz sicherlich, das ist die Wahrheit, der du dein Leben zur Verfügung gestellt hast. Die anderen – sie werden es schon noch erfahren. Darauf kannst du dich, können sie sich verlassen.

Du machst alles richtig, weil du es für dich so entschieden hast. Hoffentlich ist das die Antwort, auf die du schon so lange wartest.

Hab dich unendlich lieb – unendlich heißt in die Ewigkeit und auch zurück!

Und nun – BERG HEIL!
Fritz

21. September 2017

Meine allerbeste Freundin!

Ich freue mich, dass du wieder auf diese Möglichkeit zurückgegriffen hast. Es ist immer noch die beste Art, miteinander reden zu können. Auch dann, wenn du stets mit mir in Verbindung bist. Jetzt sind beinahe alle Zweifel „entschwunden" und du glaubst endlich auch an dich und vertraust auch mir. Und es ist die Wahrheit, die reine Wahrheit und nichts als die Wahrheit: Mich gibt es, die Situation gibt es und auch die Wunder existieren. Ist das nicht einfach großartig!

Ich muss dir ein Geständnis machen. Ich pass auf dich auf, ich organisiere dein „Leben", ich sorge, damit all deine abenteuerlichen Pläne funktionieren. Ich habe das alles übernommen und deinem Hauptschützer eine Menge „Arbeit" abgenommen – was im Prinzip gar nicht so einfach gewesen ist. Aber, da du ja alle deine „Helferlein" ständig überfordert hast, ist es letztendlich doch gelungen. Und jetzt funktioniert das Miteinander sehr gut. Auf dich muss man nämlich rund um die Uhr aufpassen, weil du dich in einem fort überbeanspruchst. Aber ich weiß, dass du weißt, dass das alles bereits bekannt ist.

Du denkst so oft an mich und an mein vergangenes Leben. Du bist eben ein liebevolles, wenn auch strenges „Mutter-Tier". Und vieles ist dir bis heute unverständlich. Das ist ganz natürlich, denn kein Mensch kann in einen anderen wirklich hineinschauen. Und kein Mensch kennt den anderen so gut und so genau, dass er ihn auch wirklich versteht. Das ist jedoch gut so, denn die Menschheit würde dieses Können und Wissen sicher wieder nur missbrauchen.

Meine Flucht aus der Realität des irdischen Daseins war vielleicht nicht ganz so sinnvoll und vernünftig, wie sie hätte sein sollen. Darüber kann und will ich dir nichts mitteilen, denn es wäre sinnlos verbrauchte Energie.

Das Sinnvolle an solchen „Gewalttaten" ist das, dass man auf der anderen Seite der Existenz zu vernünftigen Möglichkeiten Zugang hat. Meine Möglichkeit warst du, und das war und ist das Vernünftigste, was ich jemals tun habe können. Somit ist meine „Flucht" aus dem Leben, das mir als nicht mehr kompatibel erschienen ist, zu einem wundervollen und wertvollen Dasein geworden.

Du darfst jetzt, bitte, die Bedeutung des Begriffes „Flucht" nicht falsch begreifen. Jede Krankheit, jede irdische seelische Belastung eines Menschen bedeutet „Flucht" aus einer Lebenssituation, die unerträglich zu werden scheint, die als Belastung nicht oder kaum mehr zu ertragen ist. Mein Leben ist in diese Richtung gelaufen. Und dennoch habe ich mein Leben so sinnvoll wie nie zuvor fortgesetzt. Indem ich ganz einfach und ohne große Hinterfragung dein Leben zu meinem gemacht habe.

Weil ich dich liebe, weil du mich liebst, weil wir beide in göttlicher Liebe verbunden sind bis in alle Ewigkeit. Fritz

15. Oktober 2017

Meine liebste und beste Freundin!
Meine geliebte Mama!

Ich freue mich so, dass es dir gut geht, dass du zwar „hundemüde" bist, dennoch aber froh und heiter (habe ich doch schön gesagt, stimmt aber auch).

Natürlich war ich wieder mit dir in Bosnien, ich bin ja

immer mit dabei. Und ich habe genau beobachtet, dass deine Begleiter doch eine Belastung waren – für dich, nicht aber für die Unternehmung. Es ist nicht so einfach, sein „Kind" in fremde Hände gleiten zu lassen. Für keinen, für niemand, auch nicht für dich. Ich bin froh darüber, sehr froh. Denn diese „Reisen" waren bis jetzt immer ein Aufgebot an Schützern, Helfern und Begleitern aus der geistigen Welt. Ich denke, du weißt das. Schade nur, dass du diese „Heerscharen" nie gesehen hast. Gefühlt hast du sie sicherlich und um sie auch gewusst.

Nun ist die Situation entspannter. Du bist in guten Händen und hast ein paar Sorgen weniger. Das erfreut auch UNS.

Mama, du hast da etwas ganz Großartiges in die Welt gesetzt. Und es ist in der göttlichen Ordnung, wenn die Menschen vor dir „den Hut ziehen".
Du hast gerade eben deine Jesus-Ansicht klargelegt. So, wie du sein Wissen umsetzt, so ist es in der Tat geschehen. Ein einfacher, einfühlsamer und klardenkender Mensch, für den das Handeln, das Tun alleine wichtig war. Mit den dazugehörigen Erklärungen, um Menschen auf Gott aufmerksam zu machen.

Für die damalige Zeit von immenser Wichtigkeit, denn großartige Reden und lange Diskussionen haben noch nie Frieden unter die Menschen gebracht. Menschen brauchen die Tatkraft und das Da-Sein ihrer Helfer. Menschen müssen spüren können, was sie sehen. Jesus, er hat das erkannt und begriffen – du hast es ebenso erkannt und begriffen. Alles andere, all das viele Gerede, die langen Erklärungen – sie sind nicht aus seinen Lehren entstanden. Sie sind das Ergebnis seiner Taten. So ist es, so ist es in der Ordnung und Vernunft.

Du hast soeben auch vom göttlichen Funken in der menschlichen Seele geredet – du hast ihn, diesen göttlichen Funken. Und es ist kein winziges Glühwürmchen, das da in dir funkt. Es ist ein großes, ein intensives Leuchten, das dich beflügelt. Das Christus-Licht, die so wunderbare Energie der … – nein, es ist nicht die Liebe, auch nicht die Nächstenliebe, weder die Barmherzigkeit noch die Gnade Gottes. Es ist einzig und allein die Selbstverständlichkeit des Mensch-Seins in der Verbindung mit dem All-Eins-Sein. Der Stoff aus dem die Meister kommen, der Stoff aus dem du dich in dieses Leben begeben hast, und das mit Liebe, mit Zuversicht, mit Freude und gottgegebener Tatkraft. Das Rundherum, das Leben an sich – Mensch-Sein ist ein schwieriges Unterfangen – keine Frage. Es ist für alle so, die sich aus göttlichem Licht ins Mensch-Sein begeben. Dazu gehören Mut, sich selbst zu überwinden, und die Tapferkeit, sich selbst treu zu bleiben.

Und das alles, Mama, weil du Jesus seit Ewigkeiten liebst … ist das nicht einfach großartig!

Ich grüße dich in Licht und Liebe, Freude und Friede und mit einem dicken Kuss.
Dein Fritz

3. Dezember 2017

Meine geliebte Mama!

Ja, natürlich, ganz sicher und ziemlich „sehr" bin ich zufrieden mit dir – keine Frage, du hast mich geboren, aufgezogen, erzogen und mich ins Leben gestellt. Und – gibts da noch Fragen in Bezug auf „was aus mir geworden ist" ...?

Mama, jetzt werde ich, mein Wissen und meine gegenwärtige Situation auch noch bekannt, vielleicht sogar berühmt! Und da denkst du daran, ob er wohl mit mir zufrieden ist. Mama, du bist ganz große Klasse – auch dann, wenn du es nicht und nicht „glauben" – „erkennen" – „anerkennen" willst.

Wenn einmal das „Tun" eines Menschen, seine Taten und Werke für ihn als selbstverständlich erkannt und erlebt werden, dann gibt es nur noch die Frage, in welche Richtung es geht: Positiv oder negativ, hilfreich für andere oder eigenwillig für sich. Da muss dann eine Antwort her, die die Wahrheit aussagt.

Deine Wahrheit ist die, dass du ein „vom Himmel gefallener Engel" bist, gekommen, um den Menschen einen Spiegel vor Augen zu halten. Streng und unerbittlich werbend für Hilfestellung der Armut, Hilflosigkeit und Verzweiflung gegenüber. Der „Engel" stammt von mir, „vom Himmel gefallen" von der Schreiberin, der Rest bist du in deiner Unermüdlichkeit. Und der Spiegel ist das, wovor sich die anderen fürchten, weil er ihnen ihre eigene Unzulänglichkeit gnadenlos vorführt. Das will keiner, das wollen sie nicht.

Aber wer soll es sonst tun? Wer hat den Mut, die Kraft und die Energie für solches Tun?

Ich weiß es, sie weiß es und viele, viele andere wissen es auch. Es ist die Energie des „Christ-Seins", die du auf diese Weise lebst. Dein geliebter Bruder Jesus lebt in dir als kleinwinziger göttlicher Funken mit der Wirkung einer immensen Sprengkraft – auch wenn du es noch immer nicht glauben kannst.

Auch dann, wenn du eines Tages nichts mehr zu tun vermagst – du hast so viel getan, dass nach der „Sprengung" neu aufgebaut werden konnte. Auch dann, wenn du zwar gebraucht wirst, aber nicht mehr vorhanden bist – die Wirkung besteht.

Ja, auch dann, wenn du bei uns ankommst und bescheiden sagen wirst: „Aber – ich habe doch wirklich nichts Großartiges getan."

Just in diesem Moment, in diesem Augenblick wirst du erkennen, dass viele geistige Helfer dich durch dein Wirken begleitet und getragen haben. Geleitet durch deinen geliebten Bruder Jesus, dem du zur Hand gegangen bist als Menschenkind zu einer Zeit, als es wieder einmal zu großer Notwendigkeit wurde.

Auch ich durfte helfen. Denn durch meinen vorzeitigen Abgang und der Tatsache, dass es mich noch gibt, wurde deine Kraft wieder verstärkt und zu weiterem Tun veranlasst.

Es gibt so viele Helfer – kleine, große, laute, leise – so gesehen hast du recht: Es ist die Selbstverständlichkeit, die den Weg zu Gott ebnet. Und damit du es endlich akzeptierst: Du bist ein „menschliches Wesen" mit einem „gewaltigen göttlichen Funken".

Weißt du jetzt, warum ich mit allem deinem Tun einverstanden bin – jetzt musst du es wirklich wissen!

Ich freue mich auf die Tatsache, posthum an die Öffentlichkeit zu kommen – schon allein der verdutzten Gesichter wegen.

Ruh dich aus, genieße die angeblich „stille Zeit", damit neue, starke Energien dich für dein Werk vorbereiten. Denn die Selbstverständlichkeit ist wie ein „Perpetuum Mobile" – es geht weiter und weiter und weiter …

Hab dich unendlich lieb, freue mich über unsere Gemeinsamkeit und werde auch weiterhin für deinen Seelenfrieden sorgen.
Dein Fritz & Co

23. Dezember 2017

Meine geliebte, allerbeste Freundin!
Meine Mama!

Irgendwie bin ich froh, dass du eine so große Familie in die Welt gesetzt hast. Denn es steht fest, du wirst kaum vereinsamen. Auch dann nicht, wenn dich nicht immer alle verstehen.

Es ist wirklich nicht einfach für normale Menschen, eine so großartige Mutter als Vorbild zu haben. Das ist einfach zu viel des Guten – das will niemand so wirklich. Du teilst also dein Geschick mit all den Großen der Geschichte – irgendwie waren sie zwar alle gern als Helfer gesehen – aber sie waren immer schon alleine. Ich hoffe nur, du stehst über all diesen Situationen und leidest nicht zu sehr darunter.

Ich weiß ja, wie sehr du mich vermisst. Vielleicht wäre ich aber genauso dir gegenüber geworden, wie sie es sind. Mein Abgang hat uns erst so zusammengeschweißt, wie es jetzt der Fall ist. Von Menschen Vernunft, Respekt und Achtung zu erwarten, ist oft ein hoffnungsloses Bemühen. Halte dich, bitte, tapfer aus all der Misere heraus. Du wirst von so vielen Menschen geschätzt, geachtet und verehrt – das ist viel wichtiger als eine bunt zusammengewürfelte Familie. Ich denke, sie werden schon noch dahinterkommen – aber es ist nicht wichtig! Glaub mir, es ist wirklich nicht wichtig!

Ich bin bei dir, in Liebe verbunden für immer. Du weißt das, ich weiß das – mehr ist nicht nötig.

Denk an mich unterm „Christbaum" – ich umarme dich ganz fest.
Bussi Fritz

8. Februar 2018

Liebe Mama – beste aller Freundinnen,

das muss ich jetzt endlich einmal richtig kundtun, denn ich weiß, dass du ziemlich enttäuscht bist. Die Menschen sind eben nicht so, reagieren nicht so, wie sie sein könnten – es aber nicht sind.

Ich sage dir jetzt, dass sich in dieser Beziehung nicht viel ändern wird. Wenn du das akzeptieren kannst, wirst du zufrieden sein. Es genügt ja, wenn ein paar einen Weg finden, den sie in Liebe und Zuversicht gehen können. Die Hoffnung hat einen langen, einen sehr langen Atem. So manches Mal ist er so lang, dass man den Erfolg nicht mehr miterlebt. Aber auch das steht in deinem Seelenprogramm.

Kennst du dein Seelenprogramm? Nun, ich kenne es sehr genau. Es ist das, was du als „völlig normal" bezeichnest und damit den Armen der Ärmsten Hilfe zukommen lässt. Du hast dir das vor „Ewigkeiten" mit deinem Bruder – er heißt Jesus – ausgemacht. Nämlich, dass man „Nächstenliebe" leben muss. Nicht bloß darüber reden, wie es so viele andere tun. Und Nächstenliebe ist ein weiter Begriff. Er ist ausdehnbar und erweiterungsfähig. Am besten bezeichnet man ihn mit „Menschlichkeit" – und das ist die Krux. Wenn Nächstenliebe in Menschlichkeit ausartet, dann ist es großteils schon wieder vorbei mit der Nächstenliebe. Weil Menschlichkeit ein Allerweltsbegriff geworden ist. Menschlich ist man als Mensch schnell und bald. Ein Stück Brot, ein paar Groschen – und schon ist das Gewissen beruhigt. Mehr ist es nicht, weil man für „mehr" nichts übrig hat.

Die Welt ist nur ein winziger Teil einer gewaltigen Schöpfung. Und die Erde ein Versuchsprogramm der Materie. Seelen, die sich als „Menschen" inkarnieren, um etwas Bestimmtes zu erfahren, zu erleben, zu erkennen und zu verstehen. Ein großes, weitläufiges Programm, das jede Seele als Mensch absolvieren kann, möchte, aber nicht muss.

Jede Seele hat eine eigene Entwicklung durchzumachen. Ob mit Erfolg oder ohne – es ist belanglos für die Schöpfung an sich. Die Ordnung der Schöpfung hat für alle Versuche einen Platz – der Mensch, das Menschenkind bestimmt ihn selbst. Auch dann, wenn diese Voraussetzung nicht im Verstand verankert ist. Der Verstand ist lediglich das Werkzeug für die Vernunft – die Vernunft beinhaltet das geistige Wissen um die universelle Schöpfung.

Sie haben somit alle recht: Mit – ohne Gott, mit – ohne Allmacht, mit – ohne Physik, mit – ohne Mathematik. Quantentheorie und Kirchenwissen – für sie alle ist Platz in den Weiten der Schöpfung.

Somit ist jeder Gedanke um das Fehlverhalten eines Menschen müßig – er hat seinen Platz irgendwo … im Nirgendwo. Das Schicksal stellt jeden von uns Menschen auf seinen Sessel – dich, deine Bekannten, die Menschen an sich. Ich bin schon gestellt und habe einen sehr guten Anschluss gefunden. Du übrigens auch.

So, das wär´s für heute. Ich denke, es reicht für diesmal.

Ein dickes Busserl, eine liebevolle Umarmung – sie

reicht bis zum nächsten Mal …
Fritz

7. März 2018

Meine liebste und beste Freundin!

Ja, ich bin da, und ja, ich habe bereits die „Reisetasche"
gepackt. Ich bin an deiner Seite und habe die stete
Hoffnung, dass du diese Riesenaufgabe mit all deiner
Vernunft bewältigst. Und du weißt ja – auch meine
Hoffnung …

Mama, ich kann dich vor allem Unbill schützen, das
ist die große Gnade, die mir dein Schicksal gewährt.
Ich kann dir den Weg „freimachen" und alle positiven
Energien aktivieren. Und genau das tue ich. Ich tue es
mit der großen Liebe zu dir, meinem großen Verständnis für dein Tun und der ebenfalls großen Dankbarkeit,
es nicht selbst tun zu müssen. Aber eines ist für mich
unmöglich: Es ist mir nicht gegeben, deinen Körper zu
schützen. Dich davor zu bewahren, dass du dich selbst
überschätzt – dass du deine Energie übermäßig bean-
spruchst und auch mit deiner Körperkraft „Schindlu-
der" treibst – das ist mir nicht möglich.

Also liegt es in deiner eigenen Verantwortung, dieses
erneute „Abenteuer" gut zu überstehen und deine Vorgaben so gut wie gegeben zu erledigen.

Ich weiß, dass dir das alles nicht so wichtig ist. Aber in
letzter Zeit wird es dir immer bewusster. Und das ist

gut so. Du bekommst gute Begleitung – von HIER für dich aktiviert. Bitte, spring über deinen Schatten und nimm diese Hilfe in jeglicher Form an. (Du darfst mit den Zähnen knirschen – aber vernünftig!).

Mir geht es so gut wie immer. Ich habe mit Ferry[7] Freundschaft geschlossen. Er ist ein wissender Geist mit klaren Vorstellungen. Im Prinzip hat er nun seinen Körper abgelegt. Das, was er dir gesagt hat, hat er schon mit hierhergebracht. In gewisser Weise sind wir uns in unseren Überzeugungen ähnlich.

Ich habe noch viel mit dir und deinem Leben zu tun. Deshalb sehe ich Ferry nicht so oft. Er hat mit all dem Ir-dischen abgeschlossen – was vorbei ist, ist vorbei. Und, so soll es ja für jeden irgendwann einmal sein.

Sende dir meine Liebe und Unterstützung für all dein Tun mit Licht, Freude und Frieden.
Fritz

1. Mai 2018

Meine über alles geliebte Freundin!

Es ist lange her, dass ich dich in meine Arme nehmen durfte. Können tue ich es ja noch – aber, es ist halt doch ganz anders. Die Grenzen zu den Bereichen der mate-riellen und geistigen Welt sind doch noch wie die „feste

---

[7] siehe Botschaft von Ferry (7. März 2018, Seite 232)

Burg", die in den Gottesdiensten der kirchlichen Organisationen so oft gesungen zitiert wird. Mauern, die es nicht zu überwinden gilt, Felswände, an denen jeder Versuch sie zu erklettern jämmerlich scheitert. Na, ja, wenn sich die Menschen etwas einbilden, dann muss das eben so sein. Wäre einmal einen Versuch wert, sich etwas Positives einzubilden. Aber, wie es eben so ist, das geschieht nicht.

Nein, Mama, ich bin kein Pessimist, ich denke nur analytisch folgerichtig. Dazu gehört Mut – den brauch ich zwar hier nicht. Aber du, du brauchst ihn immer mehr. Denn sonst schlagen sich all die Probleme deiner „Befürsorgten" auf deinen Magen – das Herz haben sie ohnehin schon in Stücke geschlagen. Doch du bist unverwüstlich in deiner Güte, deiner Herzlichkeit und deiner Barmherzigkeit. Irgendwie bist du von einem anderen Stern herabgefallen auf die Trostlosigkeit der irdischen Unbarmherzigkeit – (na, na, ich meine das trotzdem ernst). Bist halt doch ein flügelloses „Engerl".

Ich bin sehr froh, dass du mir brav gefolgt hast und meine Bitten ernst genommen wurden. Es war nämlich keine gute Einstrahlung für deine Bosnienfahrt vorhanden. Irgendwie hat es nicht gepasst – wenn du darüber nachdenkst, merkst du es vielleicht im Nachhinein.

Aber, es ist diesmal doch noch gut gegangen. Jetzt ist es vorbei und ich kann aufatmen. Es hat eine große Gefahr im Hintergrund gelauert, daher war ich heilfroh, dass du so guten Schutz hattest – menschlichen, nicht nur den geistigen. Du hast vielleicht sogar gemerkt, dass irgendetwas „anders" war. Das ist jetzt die Erklärung dazu. Nicht alle Menschen sind „nette Zeitgenossen", manche sind rechte „Teufel".

Jetzt ist alles in Ordnung, da dürfen wir uns wieder erholen. Mir geht es gut, ich werde mich ein wenig „weiterbilden". Damit du nicht dein schlechtes Gewissen hegen und pflegen kannst. Ich mache nämlich nur das, was ich will. Weil es für mich keine andere Option gibt. Mein Wille ist noch vorhanden, er ist fest und sicher geworden. Und ich bin Wille. Nicht Liebe, nicht Güte – ich bin reiner Wille. Etwas, das ich als Mensch nicht richtig eingesetzt habe. Eine Energie, die ich jetzt „leben" muss. Willenskraft bringt Seelenstärke. So manch ein kleiner Erdenjunge lernt das nie. Das leben Mütter für sie – du bist jetzt schon reiner Wille. Bin schon neugierig, was du „leben" wirst, wenn du einmal hier ankommst – wird spannend, glaub es mir.

Mama, ich habe eine Bitte an dich. Kannst du nicht auch noch ein wenig dein Leben nur genießen? Zu leisten ist es ja, dafür gibts den „schnöden Mammon". Tu es einfach für dich und nimm mich mit. Erfüllen wir uns gemeinsam diesen tief versteckten, klitzekleinen Herzenswunsch. Denk doch auch einmal nur an dich!

Hab dich lieb, von ganzem Seelenherzen lieb, gestern, heute, morgen und an deinem Ehrentag. Wollen wir beide ihn gemeinsam beginnen … und auch gemeinsam beenden.

Freue mich auf dein Ja, umarme dich so fest, dass dir die Luft wegbleibt und du das Atmen vergisst.
Fritz

30. Mai 2018

Ich bin mir nicht ganz sicher, ob unsere Kommunikation auf diese Art und Weise noch in den „Bereich des Normalen" oder bereits unter „obskur" zu finden ist. Gesucht wird sie auf jeden Fall mit Akribie und Begeisterung – du wirst ja „dein Buch" noch erleben.

Meine Hoffnung ist – sofern in meinem Zustand und in meiner Welt mit dem Begriff der Hoffnung noch umgegangen wird – dass es dir Freude machen wird, all unsere „geistigen Gespräche" gedruckt, gebunden und verkaufsfertig in Händen zu halten. Wie ich dich zu kennen glaube, ist der Ausdruck „verkaufsfertig" für dich nicht relevant. Du würdest – oder wirst – unser gemeinsames Buch mit Begeisterung verschenken. Deine Worte: Jeder soll es wissen, wie nah uns unsere „Toten" sind. Wie wenig „tot" sie sind, wie sehr sie uns helfen können, wie sehr wir ihnen helfen dürfen. Wie einfach es doch ist, diesen Trost annehmen zu können, damit der Schmerz des Verlustes nicht so sehr spürbar ist. Und wie gut, dass noch so viele Probleme geklärt, am Ende sogar noch gelöst werden können. Ja, meine geliebte Freundin, du hast es richtig erkannt. Der Tod ist nichts zum Fürchten. Er ist auch ein Anlass, um mit sich selbst ins Reine zu kommen. Und, ja, es gibt ein Wiedersehen mit den geliebten Menschen, auch wenn sie bereits von uns gegangen sind.

Ich selbst möchte noch hinzufügen: Auch für mich war es ein Bedürfnis, dir und – wenn du es für richtig hältst – der ganzen Welt die Umstände und die Gründe für mein plötzliches, unerwartetes Ableben zu erklären.

Dass du den Mut hattest, dies alles zuzulassen, nicht zu hinterfragen, ob es sinnvoll ist – das kann ich nur durch deine Liebe als Mutter erkennen. Dafür danke ich dir mit allem, was mir zur Verfügung steht:

Mit LIEBE, FREUDE, FRIEDE für alle Ewigkeit.
Dein Fritz

PS: Ich hoffe, dass du die obigen Zeilen – meine Worte – als Vorwort für dein Buch nimmst. Ich denke, sie sagen mehr als du erwartest.

Ich umarme dich mit ganzer Seele und mit noch mehr Liebe!
Fritz

12. September 2018

Meine liebe, allerbeste Freundin!

Es tut gut zu wissen, dass du wieder so gut erreichbar bist. Ist ja eine sehr einseitige Lösung, wenn du mit mir sprichst, mich aber nicht so richtig hören kannst. Dann wird's nämlich kompliziert, wenn es um wichtige oder ernste Themen geht. Aber Gott sei's gedankt, wenn du zwischen all den Wäldern und Bergspitzen dein Quartier aufschlägst, dann geht es dir gut. Dann bist du bestens aufgehoben, dein Körper darf und kann sich erholen, deine Seele jubiliert.

Weißt du, was das für ein Gefühl für deine Seele ist, wenn all das möglich ist – sie freut sich auf ihr „Heimkommen". Es ist sozusagen eine Vorfreude in der Zielgeraden. Also, schau dazu, dass du deine Berge, Täler und alles Sonstige so oft wie es geht besuchst.

Ich weiß, dass du ein gegenwärtig großes Problem hast. Du willst wieder einmal ein rettender Engel sein und helfen. Weil du ja genau weißt, wie tröstlich es für Hinterbliebene ist, wenn sie erfahren, dass der Tod keine endgültige Lösung ist. Das ist gut so, das ist wichtig. Das ist genauso, wie es sein soll. Aber – meine geliebte Mami, meine beste Freundin, meine wunderbare Kameradin – es geht in deinem Fall nicht um dieses Thema.

Diese Hinterbliebenen wissen bereits, dass ihr verstorbener Sohn noch erreichbar ist. Das hast du bereits zur Freude aller Beteiligten bestens gemanagt. Aber, wie gesagt, es geht nicht um das Wohlergehen der Lebenden. Menschen haben nicht die Macht, nicht das Recht, sich mit den Toten von sich aus in Verbindung zu setzen. Das hat tiefe und sehr wichtige Gründe. Darüber später. Es ist IMMER der Wunsch des Verstorbenen, der mit seinen Hinterbliebenen Kontakt aufnehmen will.

Wenn das aus „schicksalhaften Gründen" genehmigt wird, dann werden Möglichkeiten ausgelotet, inwieweit es geschehen kann. Du hattest große Sehnsucht nach mir – ich wollte die Klärung meines Todes für dich erhalten. Es wurde FÜR MICH ermöglicht.

Jetzt zu diesem jungen Mann: Er will den Kontakt vorerst mit dir, nur mit dir. Damit du wiederum mit seinen Eltern redest. Er hat Angst vor der Reaktion. Und, ich glaube, er ist zwar höflich und nett – aber ein Kindskopf. In dieser Situation etwas zu erzwingen ist nicht die vernünftigste Art.

Ich weiß, dass du gerne unmögliche Situationen bereinigst – tu es mit dieser hilflosen Seele und sei das Verbindungsglied zu den Eltern. Vorläufig.

Eine gegenteilige Entscheidung wäre mit Sicherheit eine sehr große Enttäuschung. Manchmal ist das geduldige Abwarten die beste Lösung.

Mama, du wolltest meine Meinung. Da hast du sie.

Ich grüße dich in Licht und Liebe, umarme dich voll Freude und danke dafür, dass es wieder so ist, wie es ist! Fritz

10. Oktober 2018

Meine geliebte Mama.

Wie geht es dir? Du machst große Fortschritte im „Loslassen" und ich bewundere das. Denn in Wahrheit, ich habe oder hätte das nie erwartet. Ja, nicht einmal gedacht. Aber was zu erkennen ist, es gibt sie, die Wunder des Lebens. Es ist nicht einfach, ein Lebenswerk aus den Händen zu geben. Ich weiß das, habe ich es doch am eigenen Leib erlebt. Aber das, was du geschaffen hast, kann und darf niemand mit meinem Tun vergleichen.

Mama, wenn es den „Himmel" nicht schon gäbe, man müsste ihn erfinden – und Gott dazu. Denn du wirst dort eintreten und alle werden da sein. Mach dich auf ein großes „Remi-Demi" gefasst, sie alle warten schon auf dich – ich auch. Aber bitte, lass dir noch Zeit für die Heimkehr. Du musst zuerst wirklich alles loslassen, damit deine Energie der „Gerechtigkeit" auch dort verbleibt, wo sie hingehört: Auf die Erde.

Hier, in meiner Welt, in deiner zukünftigen Welt, gibt es keinen Gerechtigkeitsgedanken. Hier kommt alles zum Ausgleich – jede Seele geht dorthin, wohin sie gehört. Dorthin also, wo sie „zugehörig" ist – ohne Feilschen, ohne Handeln, ohne Möglichkeiten. Das nennt sich hier einfach: Das, was du gesät hast, wirst du ernten!

Hier bei uns wirst du das spüren, fühlen und vor allem erkennen, worum es in Wahrheit geht. Und ich weiß, du wirst dieses „beseligte Glücksgefühl" erleben, wirst dich darin selbst begreifen und verstehen, aus welchem Grund das alles durch dich geschehen musste. Alles in allem – du kannst jetzt schon beginnen, dich zu freuen. Damit kann man, wie man weiß, nicht früh genug beginnen.

Mama, für mich hat der „Muttertag" für dein Buch, für unser Buch eine besondere, aber auch andere Bedeutung. Mein Leben soll für Mütter ein Trost sein, wenn ihre Kinder früher gehen – gehen müssen. Damit schließt sich ein Kreis, der die immense Trauer umschließt. Also: Muttertag.

Liebste, beste Freundin: Lass bitte ganz los, auch deine Gedanken an dein Lebenswerk. Es ist wirklich sehr wichtig – denn im Prinzip hast du geholfen. Großartig geholfen. Teils sogar in großer Selbstlosigkeit. Aber – es ist das Schicksal dieser Menschen, nicht das deine.

Ich umarme dich in Liebe, in Freude, in Frieden und mit der „Gnade des Himmels".
Fritz

31. Oktober 2018

Meine allerbeste Freundin.

Jetzt ist es wirklich an der Zeit, dass du etwas mehr Rücksicht auf dich nehmen MUSST! Es sind nämlich deine „Befindlichkeiten", in denen dein Körper – deine materielle Hülle – steht, da ist schon seit einiger Zeit mehr im Busch. Auch dann, wenn du gegenteiliger Meinung bist und davon nichts hören willst.

Ich weiß ja, dass du längst zur „Abreise" bereit bist, weil deine Sehnsucht wirklich ziemlich stark ist. Aber, wenn es nach mir geht, dann sollst du gesund abreisen – sozusagen: Durch einen gesunden Körper hindurch die Seiten wechseln. Das wäre das, was ich will, und du fragst doch immer nach meinen Wünschen. Also, Mama, schalte den Schongang ein. Gott hat die Welt auch nicht im Sekundentakt erschaffen. Und wenn schon, dann liegt dadurch einiges im Argen. Mein Wunsch sei dir endlich ein Befehl.

Ich habe hier mit meinem Erdenvater, deinem Willi, ein gutes, weil vernünftiges Treffen gehabt. Dabei habe ich ihm von dir und deinen vielen Tätigkeiten erzählt. Das war zwar nicht unbedingt nötig, er hat bereits vieles gewusst. Bei meinem Wunschgedanken hat er nur lachend gemeint: Ein Versuch ist es wert, aber es wird ein Versuch bleiben. Liegt er da wirklich richtig? Ich denke mir, du solltest doch den Erfolg deines Buches noch selbst miterleben, dann hat die ganze Geschichte einen wirklich tieferen Sinn. Ein Autor – in diesem Falle du – müsste doch Stellung nehmen und auch Erklärungen abgeben.

Menschen, die all unsere Briefe lesen, sollen doch von der Realität dieser Lektüre überzeugt werden. Sie soll ernst genommen werden und ein Richtungsweiser sein und den Menschen Möglichkeiten eröffnen für einen neuen, anderen Blickwinkel. Dazu wirst du gebraucht werden, weil du diejenige bist, die die Randinformationen hat. Bei jeder Geschichte, bei jedem Brief sind ja nur meine Meinungen im Buch festgehalten – deine Kommentare fehlen, das ist schade.

Jeder Mensch, dem das geschieht, ist sicherlich nicht nur erfreut. Es ist schon nicht leicht Botschaften von „Toten" zu erhalten, man muss auch die Sprache verstehen lernen. Von den Inhalten ganz zu schweigen.

Mama, du hast dir Großes vorgenommen. Als „Spurengeher" meine ich – du wirst eine Lawine lostreten. Aber beim „Suchen" musst du dabei sein – sozusagen als Lawinenhund.

Also liebe Freundin, du hast viel zu tun. Ruhe dich aus, bevor der Sturm losgeht. Bitte nimm diese Worte alle sehr ernst.

Ich umarme dich in tiefer Liebe.
Fritz

28. November 2018

Meine geliebte, allerbeste Freundin.

Es sind immer diese Worte, die den Beginn eines Schreibens zieren. Es ist ein gutes Gefühl, dass wir wieder miteinander in Kontakt stehen.

Es ist ein gutes Gefühl – das ist die perfekte Antwort auf deine Frage: Wie geht es dir? Es ist einfach ein gutes Gefühl – denn es geht niemandem, keinem „gut", der das Jenseitstor durchschritten hat. Diese Floskel ist rein theoretisch zu nehmen, denn „gehen" tut hier absolut nichts. Also, es ist einfach ein gutes Gefühl, dich hier zu wissen. Ich weiß ja, dass du sehr großen Wert auf Genauigkeit legst, deshalb habe ich diese Nachricht mit dieser „Belehrung" begonnen. Der Grund hierfür ist, dass du die geistige Sprache gut beherrschen musst, wenn du hier eintriffst. Es warten so viele Seelen auf dich, sie alle haben unterschiedlichste Sprachen und Sprachformen mitgebracht, die im Prinzip keiner richtig versteht. Eine einheitliche Sprache gibt es in unserer Welt nicht. Es bezieht sich alles lediglich auf Schwingungen aus reinem Licht. Selbst dieser Ausdruck ist nicht der wahre, denn es ist Energie in besonderer Form, von der und über die die Menschheit noch kein Wissen hat. Und, so wie es sich darstellt, bleibt sie auch ein unerforschliches Geheimnis.

Für dich ist es allerdings von großer Wichtigkeit, dass auch du diese Sprache lernst. Und damit es für dich verständlich wird: Es geht über deine irdisch-menschliche Gefühlsebene. Also wenn du ab jetzt mit mir in Kontakt treten willst: Fühle dich in mich hinein. Hülle deine Fragen in ein Gefühl und spüre mich.

Versuch es, tu es, gib nicht auf, wenn es nicht gleich gelingt. Aller Anfang ist schwer, besonders dann, wenn er etwas Unbekanntes abverlangt. Ich weiß, dass du nie aufgibst, wenn etwas unerhört Wichtiges ansteht. Und das ist so ein „unerhört Wichtiges!"

Ja, ich habe Kontakt mit ihm, auf einer besonderen Ebene. Nicht der Jesus, den die Menschen glauben zu kennen. Das ist längst Vergangenheit. Diejenigen, die immer noch an ihn „glauben" und ihm „vertrauen", sind die Alten – und deren Zahl wird immer geringer. Mittlerweile ist er für den Großteil der Menschheit Erinnerung geworden und ein gutes Mittel für verschiedene Möglichkeiten. Darüber will ich aber nicht reden.

Ich kenne ihn als MEISTER, als WISSENDEN, als WEISEN. Das ist für mich wichtig, sehr wichtig geworden. Sein Wissen, seine Weisheit hat mich mein Wissen gelehrt. Und, wie du selbst erkennen kannst – es war so ziemlich das Wichtigste für meine jetzige Gegenwart.

Aber, was auch immer du in ihm und durch ihn erkennst – es ist **deine** Wahrheit und somit in der göttlichen Ordnung (ich hoffe, du bist mit meiner Version für mich einverstanden).

Ich umarme dich in Licht, Freude, Friede und in Liebe.
Fritz

27. Dezember 2018

Liebe Mama!
Geliebte Freundin und „Schwester"!

Danke, dass du meine warnenden Worte beachtet und
sie dir zu Herzen genommen hast. Es ist wirklich sehr
wichtig, dass du dich endlich – wenigstens ein wenig
mehr – schonst. Also, besten Dank dafür.

Du musst nämlich wissen, dass du noch gebraucht
wirst. Nicht nur für die Ausübung deiner „Hobbies",
sondern auch als leuchtendes Beispiel der Nächstenliebe. Ausgeübt mittels grenzenlosem Mut und einer beinahe unermesslichen Tapferkeit. Darin bist du nämlich
eines der wenigen menschlichen Exemplare, die dem
„Verderben" den Kampf ansagen und schlussendlich
den Krieg auch gewinnen. Sagenhaft, wer hätte das jemals von deinen Mitmenschen getan ... außer dir?

Geliebte Freundin – wir kennen uns seit Ewigkeiten und
sind in der Seele verbunden – wie Bruder und Schwester. Daher deine neue Bezeichnung. Du weißt ja, warum ich das Menschsein aufgeben musste – ich wollte in
dieser Welt nicht an der Vernichtung der Schöpfung als
solche mitarbeiten. Mein Wille und Wunsch hat sich ein
wenig „dramatisch" erfüllt – sehr zu deinem Leid.

Aber durch diesen Zustand hat sich etwas Besonderes

ergeben. Du hast einen neuen Weg beschritten und die dazugehörigen Fähigkeiten mitbekommen. Das war im Prinzip nicht in deinem Lebensplan berechnet, das hat sich so ergeben. Bedingt durch meinen Tod und dem Schmerz, der dadurch entstanden ist.

So gesehen hast du an meinem Todestag ein neues Leben begonnen. Ein Geburtstag der besonderen Art. Ein „Säugling" in einem bereits alternden Körper. Kein Seelenaustausch, lediglich ein Wissensaustausch über Wahrheit, Klarheit, Vernunft und Ordnung aus der Göttlichkeit der Schöpfung. Wo es diesen „einen Gott gibt", ob es ihn gibt, wie er zu betrachten ist – keine Ahnung. Für mich ist es das absolute Vertrauen in die Ordnung der Vernunft – das ist mein Wissen über den Gottesbegriff. Alles andere kann sich weisen – muss es aber nicht.

Also, Mama, sei brav und schau auf dich. Ich habe noch viel zu berichten – an dich als Mensch! Was glaubst du, wer wirklich dieses Buch „macht" ...

Hab dich lieb, umarme dich diesmal NUR MIT LIEBE. Fritz

Botschaften von Willi Kury

Willi Kury 1926 – 1977
Ehemann von Annemarie – Vater von Fritz
Bergunglück 1977 im Himalaya

Wer war Willi?

Willi Kury kam 1926 als zweiter Sohn in Wien zur Welt. Seine Eltern, der Vater war Lehrer, erzogen ihn und seinen Bruder streng, aber mit Liebe. Schon als 13-Jähriger baute er mit seinem um drei Jahre älteren Bruder Fritz Segelflieger und wurde von ihm zum Segelfliegen mitgenommen. Fliegen war das Ein und Alles für die beiden. Willi wollte baldmöglichst ein richtiges Flugzeug fliegen. Schon als 17-Jähriger meldete er sich 1943 zur Wehrmacht mit dem Ziel, die Pilotenausbildung machen zu können, die er dann auch bestanden hat. 1944 kehrte sein Bruder von einem Flug nicht mehr zurück. Zu dieser Zeit lag Willi mit schweren Kopfverletzungen im Lazarett. Die Ausbildung zum Nachtjäger konnte er nicht fortsetzen, da als Folge seiner Verletzung sein rechtes Ohr taub blieb.

Das Ende des 2. Weltkrieges erlebte Willi bei einer Bodentruppe in Mitteldeutschland. Von dort ging er zu Fuß bis Hinterglemm im Salzburgischen. Ab Mai 1945 arbeitete er ein halbes Jahr als Knecht beim Unterschwarzach-Bauern.

Im Herbst 1945 begann Willi das Medizinstudium in Wien. Während der Studienjahre verbrachte er jeweils die Semesterferien beim Bauern und wurde in dessen Familie aufgenommen. Neben dem Lernen hatte er Zeit für Schitouren. Auch die Sommermonate der nächsten Jahre verbrachte Willi regelmäßig beim Unterschwarzach-Bauern. Er war bei den Einheimischen als „Sommermader" bekannt – half im Betrieb mit und unternahm Touren auf die Berge der Hohen Tauern.

Im März 1951 promovierte Willi im Fach Medizin. Auf sein Hobby, das Berggehen, musste er wegen eine Tuberkulose-Erkrankung im Kniegelenk für zehn Jahre verzichten. Sein Kniegelenk wurde operativ versteift und Willi, der sehr willensstark war, trainierte hart, um wieder in die Berge gehen zu können. Sein Training war erfolgreich und die Freude wieder auf die Berge gehen zu können war noch größer als vor der Operation. Diese Verletzung hatte auch Einfluss auf seinen weiteren beruflichen Werdegang. Er etablierte sich als Facharzt für physikalische Medizin und Rehabilitation, arbeitete im Spital und in seiner eigenen Praxis.

Das „Auftanken" am Berg wurde für ihn immer wichtiger. Nach vielen Jahren war Willi so gut trainiert und vorbereitet, dass er seinen Traum, die wirklich hohen Berge zu besteigen, verwirklichen konnte. Im Jahre 1977 begleitete er als Expeditionsarzt seine Bergfreunde im Rahmen der Jubiläumsexpedition (JUBEX) in den Himalaya. In Lager 3, auf mehr als 6000 m Höhe, stürzte Willi in eine tiefe Gletscherspalte. Der 51-jährige Familienvater konnte weder gerettet noch geborgen werden. Selbst zutiefst von diesem Unglücksfall erschüttert, mussten die Bergkameraden die Todesnachricht an seine Frau, seine fünf Kinder und seine Eltern übermitteln. Die nächsten Jahre waren für die zurückgebliebene Familie von der Trauer über den Verlust des Vaters und Ehemanns überschattet.

Etwas leichter wurde es erst nach mehr als 30 Jahren, als ein Kontakt mit seiner Seele aufgenommen werden konnte.

Die folgenden Seiten enthalten die Botschaften von Willi, dem Vater von Fritz, dem Ehemann von Annemarie Kury.

26. Januar 2012

Ich grüße dich, meine Liebe!

Es ist lange her, dass ich mich an meine irdische Familie erinnert habe. Es gibt dafür einen guten Grund: Du hast mir – als ich noch Mensch war – vieles abgenommen und dir aufgeladen. Ich konnte mich voll und ganz auf mich, meine Arbeit und meine Vorstellungen konzentrieren. Dafür war und bin ich dir sehr dankbar, wenn ich das nach so viel vergangener Zeit noch mitteilen darf. Aber es gab keine Gelegenheit mehr für mich, mein Leben, mein Leben mit dir und unser Leben in der Gemeinsamkeit mit den Kindern zu überdenken.

Ich weiß, dass ich alles unüberlegt und vorschnell im Stich gelassen habe – nicht nur meine Familie. Aber der Drang nach der Unendlichkeit der Freiheit nahm damals allen Raum in mir ein. Dieses unsägliche Verlangen, alle „Grenzen" zu erreichen und sie zu überwinden – es war von Anbeginn in meiner Seele verankert und nahm zusehends immer mehr meine Gedanken in Anspruch. Ich spürte diese große Veränderung, die mich Schritt für Schritt in ihre Fänge nahm, und wollte weg – weg aus der Enge meines Daseins, weg aus der gnadenlosen Verantwortung, hin zur grenzenlosen Freiheit. Unserem Sohn ist es genau auf diese Weise ergangen, er wollte die Veränderung, ich wollte frei sein.

Ich kann von dir nicht erwarten, dass du meine damaligen Gefühle nachvollziehen kannst, das wage ich nicht, aber ich weiß, dass du mich heute noch versuchst zu verstehen.

Die Zeit des Abstandes hat dich milder gestimmt, deine Liebe zu mir ist einer Kameradschaft gewichen, die über den Tod hinausgeht. Du hast unseren Kindern beide Elternteile ersetzt, es war Schwerarbeit für dich als Frau und Mutter. Aber deine Seele ist groß und weit und wer sie erkennt, weiß, welch ein „Stümper" ich im Vergleich zu dir war.

Jetzt tue ich das, was als Mensch meine Aufgabe hätte sein sollen: Ich arbeite für die Seelen derjenigen, die im Übereifer ihres Könnens genau das tun, was ich getan habe. Ich bin da für diejenigen, die im ewigen Eis jämmerlich und mit Todesangst die Seiten wechseln müssen – so, wie ich es getan habe. Ich bin da, halte sie in den Armen und gleite mit ihnen in die andere Welt. Es sind so viele und – es werden immer mehr. Diesmal tue ich mein Werk zu Ende.

Deine Bitte habe ich weitergeleitet. Aber dieses „Kind" muss seine Grenzen erkennen – dann wird er sicher geleitet. Das ist das MUSS in diesem Tun! Bitte versteh auch du, dass man um Hilfe bitten kann, dass jedoch das Schicksal selbst entscheidet. Und das Schicksal ist jeder für sich selbst im Selbst.

Ich grüße dich in der Liebe, die die meine ist, und danke dir dafür, dass du dir auch immer noch Gedanken um mein Wohlergehen machst.
Willi

4. Juni 2012

Meine Liebe – liebe Freundin – aus längst vergangenen Tagen!

Danke, dass du immer noch an mich denkst und meine Gedanken zu den deinen machst.
Liebe ist eine Energie, die durch nichts und niemand erschüttert werden kann. Liebe ist!

Du willst wissen, was aus deinem jungen Erdenfreund geworden ist – wo er zurzeit verweilt und wie es ihm gegenwärtig ergeht.

Nun, ich war bei ihm, als er schuldbewusst mit sich und seinem Schicksal gehadert hat. Erfrieren ist ein gnadenvoller Tod, wenn die Vorbereitung dazu Abstand nimmt. Es ist ein langsames Hinübergleiten und traumatisiert den menschlichen Verstand. Die Gedanken gehen in die soeben erlebte Vergangenheit und vermischen sich mit „wenn und aber" und mit Schmerzen, und durch Schmerzen kommt eine Klarheit, die die Wahrheit zutage bringt. In seinem Fall die Hoffnungslosigkeit eines begangenen Unterfangens mit dem Wissen, es besser nicht getan zu haben. Er hat alle Zeichen „übersehen" und fühlt tiefe Reue, die gegenwärtig in grausame Verzweiflung übergegangen ist.

Wäre ich noch im sogenannten „katholischen Glauben" verhangen, müsste ich seinen Zustand gegenwärtig als „Fegefeuer" bezeichnen. Und – er ist noch nicht bereit, diese Art der Buße zu unterlassen. Hilfe steht bereit – aber er kann und will sie noch nicht „erkennen". Dieser

Zustand dauert lange an – ich kenne ihn und habe ihn ebenfalls durchlitten.

Mach dir keine Sorgen, jetzt bin ich zuständig!

In Liebe, Friede und Licht.
Willi

29. November 2012

Hallo, du Liebste,

ich möchte dir so viel sagen, ich könnte dir so viel erklären, mitteilen, aber es fehlt mir „die Zeit und die Ruhe" dazu. Es ist ein so schwieriges Tun, sich in die Seelen von Menschen hineinzuversetzen, die sich mit beinahe fanatischem Wollen und für sie unmöglichem Unterfangen zwingen. Solange sie noch am Leben sind, wollen sie einfach nicht auf ihre innere Stimme hören oder sie hören sie und nehmen sie nicht ernst. Die Berge, die Höhe, das beinahe Unmögliche wirkt auf sie wie eine Sucht, der keiner entkommen kann, wenn er sich ihr einmal ergeben hat – denk an mich.

Es gibt keine Grenzen für sie – sie anerkennen sie nicht. Es ist, als ob sie Gott suchen, um sich zu beweisen, dass es ihn nicht gibt. Ist das „Unglück" dann geschehen, dann bestehen sie aus tiefsten Zweifeln wegen ihrer Unzulänglichkeiten und aus ihrer Fassungslosigkeit, dass es etwas gibt, das Macht und Widerstand entgegensetzt. Das Ganze basiert auf ihrer Unzufriedenheit im Machtkampf der Grenzen ihres Könnens.

Auch dein junger Freund will und kann nicht akzeptieren, dass ihm sein Schicksal (GOTT) eine Grenze gesetzt hat. Er spürt nur TRAUER und Verzweiflung über das Nichtgelingen seines Unternehmens.

Ich kenne deine Frage in Bezug auf seine Hinterbliebenen – ich gebe dir diesbezüglich keine Antwort, da er keinerlei Entscheidungen in sich trägt. Aber wie du bereits weißt, ist der Trauma-Zustand einer Seele oft sehr langwährend. Geben wir ihm die Gelegenheit sich zurechtzufinden und den richtigen Weg einzuschlagen.

Ich freue mich auf ein Wiedersehen, wenn du willst, hole ich dich auch ab – hab keine Angst, der Übergang ist ganz einfach und die Erfüllung all dessen, was man sich als Mensch erträumt.

In Liebe, Willi

17. Januar 2013

Ich grüße dich, meine Liebste!

Gut, dass du dich endlich meldest, denn ich spüre deine Gedanken und deine Sorgen um den jungen „Bruder Leichtsinn", deinem Gerfried. Aber, du kannst eben nicht für jeden „da" sein und helfen, das ist manchmal auch vom Schicksal her so vorgesehen. Jeder Mensch muss aus seinen eigenen Schwächen die Lehren ziehen, die ihm sein Fehlverhalten aufzeigen.

Größenwahn und Unvernunft – eine irrsinnige Paarung

von Vorhaben und Durchführung, besser und gescheiter sein zu wollen – das gelingt in den seltensten Fällen und in einem „Himmelfahrtskommando" schon gar nicht.

Also, um es kurz zu machen: Übermut tut selten gut. Aber – es geht ihm schon besser, denn er zeigt bereits den Willen zuzuhören. Ich darf mit ihm die Situation klären, seine Vergangenheit aufarbeiten.

Er hat bereits begriffen, dass es keinen Sinn ergibt, die Katastrophe am Berg immer wieder durchzudenken. Das ist vorbei und nicht mehr zu ändern. Die Erinnerung tut nur weh, sehr weh. Denn – er hatte die Verantwortung der Besteigung. Er – nicht die anderen. Und – er wollte umkehren und hat sich „überreden" lassen. Das kann er sich im Augenblick noch nicht verzeihen. Daran „arbeiten" wir – alles andere liegt noch in weiter Ferne. Aber es geht ihm um vieles besser, weil er darüber spricht. Mehr ist es noch nicht.

Vertrau du einfach mir – ich weiß, wie es dir zumute ist. Du musst Geduld haben – Tote haben unendlich viel Zeit und die wird auch gebraucht. Der „Himmel" kann warten und die „Hölle" gibt es nicht. Durch die ist er schon gegangen.

Alles Liebe für dich, Geduld und Vertrauen.
Willi

11. April 2013

Ich grüße dich!

Ich möchte die Arbeit aufgeben und etwas anderes tun – eventuell zur Erde kommen? Denn in den Bergen ist nichts mehr mit Vernunft zu tun.

Gerfried – betroffen – unsicher, steht da – ist aufgewacht – Bergsteigerkluft – Seile, Rucksack – Gerätschaften. Ich sehe, dass Gerfried noch immer nicht begriffen hat, dass er wirklich tot ist. Er sucht die zwei Kollegen!

Ich habe genug davon, dauernd tödlich verunglückte Seelen davon zu überzeugen, dass dies Leichtsinn war und vorbei ist. Ich bin kein Psychotherapeut – eher Soldat. Es gibt so viele Bergverunglückte. Ich will einen neuen Weg – Bergtote bergen ist zu viel.

Ich grüße dich.
Willi

13. Februar 2014

Hallo, meine Liebe!

Danke, dass du immer noch in Liebe an mich denkst. Das ist absolut nicht selbstverständlich, für dich jedoch ist es so. Und dafür bin ich dir unendlich dankbar.

Mir ist es dadurch möglich, mich mit meiner Vergangenheit in Ruhe auseinanderzusetzen und meine Schwächen, vielleicht sogar alle, aufzuarbeiten. Du weißt ja: Fehler sind lediglich Schwächen nach dem Tod. Aber Fehler erkennt man, Schwächen sind zu transformieren – das ist unvergleichlich und um vieles schwieriger. Also, nochmals: DANKE!

Dein Sorgenkind hat riesige Probleme mit sich, seiner Gegenwart und der Vergangenheit als Mensch. Weil er es nicht zulässt, Hilfe anzunehmen. Seine Worte: „Ich brauche keinen Psychiater, ich weiß, was ich getan habe und ich bin im Recht gewesen!" – sagen eigentlich alles. Jetzt ist er bockig und trotzig und auf die gesamte Schöpfung böse. Er schiebt die ganze Schuld auf Gott, an den er zwar nie geglaubt hat, jetzt aber verurteilt. Du siehst, da bin auch ich hilflos. Er muss jetzt durch seine eigene Hölle – das alles könnte er sich ersparen, wenn er Hilfe annehmen würde – tut er aber nicht. Starrsinn ist die eine Seite, Dummheit die andere.

Denk nicht nach – er muss jetzt mit sich selbst ins Reine kommen. So geht es vielen, die glauben, sie müssen die Welt neu erfinden – ich war so ähnlich. Also, gib die Hoffnung nicht auf, erwarte aber am besten nichts. Ich bin ja da und werde berichten.

Sende dir viel Liebe und Licht aus den Himmeln der Ewigkeit!
Willi

30. Mai 2014

Meine Liebste – HALLO!

Ich weiß, dass du sehr viel an mich denkst und auch über mich nachdenkst. Das beziehe ich auf die Zeit, in der du mit wachen Augen durch dein Leben läufst. Ich weiß aber auch, dass wir immer wieder miteinander sind, wenn deine Augen im Schlaf geschlossen sind. Und ich danke dir aus ganzem Herzen, dass du mir nicht nur verziehen, sondern auch vergeben hast. Für die Vergebung müssen alle Fragen offen beantwortet werden und letztendlich auch geklärt sein.

Ich habe endlich begriffen – nicht nur verstanden: Versprechen müssen eingehalten werden, um die positive Energie nicht zu blockieren. Negative Versprechen fallen unter den Begriff einer Drohung und richten viel und großes Unheil an. Ich habe dir immer wieder Versprechungen zukommen lassen – mit dem Wissen, sie nicht unbedingt einzuhalten. Auch nach meinem Tod, aber das ist dir ja bewusst.

Es hat sich in meiner Welt ergeben, dass ich sehr viel alleine war, verlassen und einsam. Diese Einsamkeit ist eine andere als die der Menschen. Diese Einsamkeit ist eine riesige, dunkle Wolke, die einen umgibt, und aus der man nicht von selbst flüchten kann. Man braucht die Hilfe des Menschen, des noch Lebenden, um frei zu werden.

Du hast mir durch deine vielen Gebete und positiven Gedanken diese Hilfe zuteilwerden lassen und mich dadurch befreit. Das alles geschah in der Zeit, in der du noch keinen Kontakt zu mir hattest. Also vor einigen Jahren und lange Jahre hindurch. Dafür danke ich dir bis in alle Ewigkeit. Jetzt bin ich endgültig erlöst von all den irdischen „Versuchungen" und darf und kann eine neue Erkenntnisstufe erreichen. Ich bin nun kein „Bergretter" mehr – das ist endgültig vorbei.

Ich teile dir das alles mit, damit du die Menschen informieren kannst, wie wichtig positive Gedanken des Verzeihens und auch des Vergebens sind. Aber diese Gebete sollen und müssen wie Gespräche sein. Gespräche, die alles an Vorwürfen und Beschuldigungen enthalten, die der Lebende für die Toten noch bereithält. Nur so und nur auf diese Weise kann sich die Seele mit den irdischen Taten und ihren Folgen auseinandersetzen. Das ist ein Teil des Lernprozesses auf der anderen Seite. Nicht das, was die Kirche lehrt. Nicht ihre Annahme, mit dem Tod muss der Lebende sofort alles verzeihen. Nein, mit dem Tod beginnt das große „Aufräumen" – bitte, sag es weiter. Es ist so unendlich wichtig!

Ich danke dir für deinen Mut, deine Tapferkeit, dein Verständnis und für deine Treue zu dir!

Willi – der aus dem Berg Zurückgekehrte!

23. Januar 2015

Meine liebe Geliebte!

Danke, dass du immer noch mit so guten Erinnerungen

an mich denkst. Jetzt weiß ich auch, dass du mir wirklich nicht nur verziehen, sondern auch vergeben hast. So gesehen bist du viel zu gut für ein Erdenleben – und ich denke, dass ich schon als Mann und Mensch gewusst – gespürt – gefühlt habe, dass du anders bist als die Frauen, die ich kennenlernen konnte. Du bist stark in deiner Energie und felsenfest in deinem Willen. Für mich damals zu fest – verstehst du mich jetzt?

Ich habe mich sehr lange nach meinem Tod geweigert, über meine, unsere Lebenssituation nachzudenken. Es hat kleine Ewigkeiten gedauert, meine Vergangenheit zu erkennen und zu bereinigen. Es war ja nicht nur das eine Leben, das mir zu schaffen machte. Und jetzt weiß ich auch, warum ich mit aller Macht die höchsten Berge der Welt erobern wollte. Ich habe die Klarheit dieser Höhen mit der Erkenntnis um den Sinn der Schöpfung verwechselt. Aber der Drang war da, der Drang, Reinheit und Wahrheit zu erkennen. Als Mensch habe ich dieses Wissen bedauerlicherweise falsch eingesetzt – wie das so oft im Leben eines Menschen geschieht.

Aber jetzt bin ich „echt", bin Ich ICH und habe mir erlaubt, dich in der letzten Zeit auf Händen zu tragen – aber das hast du selbst erkannt. Du bist eben das, was ich vorneweg festgestellt habe: Stark und fest in deinem Willen.

P.S: Lieb dich trotzdem!
Willi

22. April 2016 – (eine Woche vor seinem 90. Geburtstag)

Meine geliebte Gefährtin und nunmehr gute Freundin!

Danke, dass du mich mit so vielen guten Gedanken auf meinem Weg begleitest. Das ist – so denke ich – der Ursprung der Liebe. Einer Liebe, die mit irdischen Belangen wirklich wenig „am Hut" hat.

Ich weiß, dass du mir längst meine „Dummheiten" als Mensch und Mann verziehen und vergeben hast, dass du jetzt nur mehr den Wunsch hast, mich und meine Unterfangungen zu verstehen, um sie dir erklären zu können. Verstehen ist eine Seite, Erklärungen zu erhalten die andere. Meine Erklärung für meine Handlungen ist nur diese: Ich verspürte diese große Unruhe in mir, ich wollte „hoch" hinaus – hoch hinaus, noch höher – aber nicht in meinem Beruf. Es war dieses innere Drängen, das man verspürt, wenn einem das Leben zu „eng" wird.

Heute weiß ich, dass ich ein kurzes Leben vor mir hatte, dass ich nicht viel Zeit zu erwarten hatte. Mein „hohes Ziel" war meine Ankunft in einer Art Leben nach dem Leben. Vielleicht wundert dich das, weil so viel an Erdenzeit vergangen ist, seitdem ich nicht mehr Mensch bin. Und vielleicht hast du das auch schon für dich überlegt und daran gedacht. Vielleicht hätte ich auch um vieles früher erkennen können, was mich so getrieben hatte.

Es gibt so viele „Vielleicht", aber keines davon kann den wahren Ursprung erkennen. Und meine Zeit hier ist eine andere – ich habe erst durch dich zu „denken" begonnen. Ich habe mich erst zu dem Zeitpunkt erkannt, als deine Fragen zu mir durchgedrungen sind. Du hast mich aufgefordert, mich zu stellen und Fragen aufzuarbeiten. Dafür danke ich dir aus ganzer Seele. Danke für deine unermüdlich fragende, zweifelnde, suchende Liebe!

Natürlich bin ich zu meinem Geburtstag anwesend. Nicht nur, weil ich dich liebe und deine konsequente Art unendlich schätze, sondern auch, weil du meine Lebensgeschichte darbringst. So, wie du mich in ihr gesehen hast. Und wie lernt man sich selbst am besten kennen – durch die Berichterstattung eines anderen.

Du weißt, dass ich zu deiner Familie keinen Bezug mehr habe, da ich keinen davon so richtig oder gar nicht kenne. Fremde Seelen, die als Menschen lediglich Teile meiner Gene enthalten. Aber, für dich sind sie alle unendlich wichtig. Daher freue ich mich, dass sie mich als Familienmitglied endlich kennenlernen können. Das ist interessant und spannend – am meisten für mich.

Also dann, wünsch mir alles Gute, hab eine Torte, zünde eine dicke Kerze an und – lasst mich alle HOCH LEBEN!

Ich umarme dich ganz, ganz fest und bleibe mit dir in Liebe und Kameradschaft verbunden.
Willi

16. September 2016

Falls du dir noch Zeit für mich nimmst – ich bin schon da! Und du willst etwas von mir … nur muss ich dich leider enttäuschen.

Du weißt ja, dass ich dich liebe und mich meine Reue immer noch gefangen hält. Ich habe dich angelogen, damals, als ich wegging, und das kann ich mir nur bedingt verzeihen.

Aber das, was du von mir verlangst, kann ich nicht so recht befolgen. Es ist nämlich so, dass ich dich damals gedankenlos im Stich gelassen habe – sitzen gelassen mit unseren fünf Kindern. Gerfried hat das ebenfalls getan – so wie ich – nur sind es wesentlich weniger Familienangehörige, die auf seine Kappe gehen. Glaubst du wirklich, dass ich da einen Auftrag habe, ihm endlich ins Gewissen zu reden? Er weicht mir aus, wo immer ich mich befinde. Wie soll ausgerechnet ich das erreichen? Keine Ahnung, wie es für dieses Problem eine Lösung geben soll.

Vielleicht ist es am besten, du hörst auch mit deinen Gedanken an ihn auf. Manche Seelen muss man in Ruhe lassen, sie wollen eben ihre Ruhe haben. Glaube mir, er wird schon einen Weg finden – falls er das wirklich will. Und eines Tages werden sie sich wieder begegnen – dann muss er sich stellen.

Mein Schatz – du siehst müde aus, bist müde und solltest dich viel mehr schonen. Ich freu mich ja auf ein Wiedersehen – aber du denkst noch nicht daran. Also, sei gut mit dir und nimm endlich auch auf dich Rücksicht.

Liebe Grüße aus vollem Herzen,
Willi

23. Dezember 2017

Meine geliebte Frau, meine Annemie!

Ich bin so froh, dass ich mich wieder bei dir melden darf. Es tut so gut, wenn man trotz all der widrigen Umstände weiterhin den Anschluss an das Leben hat.

Ich kann dir nicht sagen, wie es wirklich ist, wenn man nicht mehr unter den Lebenden weilt. Es ist so ganz anders, als es die Menschen zu wissen glauben. Und es wird für die Lebenden immer ein Geheimnis mit vielen Fragen (offenen Fragen ohne Antworten) sein. Aber eines steht fest: Sie sind miteinander auf Gedeih und Verderben verbunden. Nicht immer sofort nach dem Todesfall. Aber doch irgendwann einmal. Die Erde als Schulplanet hat eine wichtige Funktion – auch das ist eines der großen Geheimnisse. Und keine Seele entgeht dem Sinn der Schöpfung. Alles ist geregelt, geordnet und einem großen Willen unterworfen. Nicht dem eines Gottes – das sind die krausen Gedanken von machthungrigen Erdlingen. Aber, es gibt sie, diese wunderbare ALLMACHT – mit Glauben und Religion hat das NICHTS zu tun. Also, vertrau einfach dem Schicksal – wir werden uns wiedersehen. Und mach dir keine Gedanken – es ist alles in Ordnung und Vernunft vorhanden.

Ich freue mich auf dich, ich habe dir immer noch viel abzubitten – auch dann, wenn du mir längst vergeben hast. Jetzt geht es nur mehr ums vergessen. Aber das ist eine andere Geschichte.

Alles Liebe dir – in Liebe,
Willi

30. Mai 2018

Ich will es einmal anders versuchen mit:
Liebe Freundin und geliebter Schatz,

damit habe ich eigentlich alles gesagt. Denn, wenn ich an mein vergangenes Leben als Mensch, Mann und Vater zurückdenke, dann weiß ich, was du alles geleistet hast. Ich war nur der Vorreiter, der dich zu deinem „Höhenflug" veranlasst hat. Du hast dein Leben bis zum heutigen Tag wunderbar gelebt, auch noch, als die Welt für dich in Scherben lag. Für deine Treue danke ich dir aus ganzem Herzen, deine Liebe habe ich im Prinzip nicht verdient. Das weißt du ganz genau. Aber du hast mich nie aus deiner Achtung fallen lassen – dafür zolle ich dir großen Respekt.

Ich habe mir die Welt angesehen. Von oben, nicht von den Gipfeln der höchsten Berge. Die Erde ist ein wunderschöner Planet, das steht so ohne Zweifel. Die Menschheit ist enttäuschend – sie ist hoffnungslos zerstörerisch. Da haben auch die schneebedeckten Riesen keine Chance. Auch sie werden zerstört – es dauert nur noch ein wenig.

Ich bin entsetzt und enttäuscht – habe das alles nie so direkt gesehen oder erkannt. Jetzt weiß ich es und ich finde, es reicht für mich. Ich will nun andere Welten kennenlernen, von denen ich Wissen habe, dass sie existieren. Vielleicht gibt es dort für mich etwas zu tun. Etwas Sinnvolles mit Wesen, die mir entsprechen. Es muss ja für irgendetwas gut sein, wenn man die „Erdenschule" besucht hat und einige Male „sitzengeblieben" ist. Du siehst, es tut sich auch bei mir einiges. Und darauf freue ich mich sehr. Keine Sorge, dein Eintreffen werde ich nicht verpassen.

Ganz liebe Grüße aus dem „IRGENDWO"
Willi

27. Dezember 2018

Geliebte Annemarie!

Es ist ein gutes Gefühl, wenn man auch nach seinem eigenen Tod noch so viel erledigen kann. Nicht nur mit und für die noch Lebenden, sondern auch für „heimgegangene" Seelen. Auch dann, wenn sie durchaus noch nicht heimgegangen sind.

Du weißt ja, wie sehr ich mich bemüht habe, meine Ignoranz gutzumachen – spät, aber doch. Und nichts ist wichtiger für einen Toten, als Ordnung in das vergangene Leben zu bringen, um Verzeihung, Verständnis und auch um Vergebung zu erhalten. Du hast mir all das gewährt – ich bin frei und wie „reingewaschen". Dafür sage ich dir innigst „DANKE".

Und jetzt zu dem Kuriosum eurer letzten Zeit: Da ich dich sehr oft begleite, habe ich dieses Bergdrama direkt miterlebt. Nicht den Unfall selbst, aber die Folgen, die

sich daraus ergeben haben. Deine verzweifelten Bemühungen, die Mutter des Jungen mit ihm in Verbindung
zu bringen, dein Unverständnis dafür, dass der junge
Mann sich geweigert hat. Er war stur, er war eigensin-
nig, er war sozusagen für NICHTS zu haben. Mittlerweile hat sich herausgestellt, dass er einen bestimmten Plan
verfolgt und durchgeführt hat. Er wollte nämlich seine
Mutter „zwingen", ihre Fähigkeiten in das Mögliche zu
setzen. Und – es ist ihm gelungen. Warum er das unbedingt wollte, weiß ich nicht. Kann es mir nur denken. Es
ist damals alles komplett durcheinander gegangen.

Ich habe mich zu ihm begeben, weil er mir sehr leid
getan hat. Sich im Bett verstecken – das geht gar nicht.
Also habe ich mir etwas einfallen lassen. Und das war
genau richtig. Seine Omi hat ihm von Tibet erzählt, von
den schneebedeckten Gipfeln, den Riesen der Welt, von
den Höhen, die zu Träumen veranlassen. Und von der
Tatsache, dass ihm jetzt die „Welt offensteht", dass seine Träume jetzt in Erfüllung gehen. Und er ist mit mir
mitgekommen. Ganz so, wie es richtig ist. Zuerst auf einen einfachen Achttausender, dann immer weiter. Wir
haben „Bergsteiger" getroffen – mühselig beladen mit
dem Schicksal, ihre längst zu Tode gefrorenen Körper
zu finden – ohne Erfolg natürlich.

Patrick hat sie aufgeklärt, ist mit ihnen auf die Suche gegangen, hat ihnen ihre Leichen gezeigt – und hat ihnen
angeboten, mit uns alle Gipfel zu erklimmen – alle – alle
ohne Ausnahme. Sie haben sich uns anvertraut, sind mitgegangen, gehen immer noch mit uns. Der Junge hat ein
wunderbares Talent zu reden, zu überzeugen. Eine reife
Seele in einem jungen Körper – so war er. Er hatte es nur

noch nicht gewusst, bevor er abgestürzt ist. Jetzt wandern wir gemeinsam – ich selbst wäre und bin nie auf diese Möglichkeit gestoßen. Und jetzt wird Patrick diese Aufgabe alleine annehmen. Er kann das besser als ich.

Er hat auch Zugang zu diesem Sturkopf, der uns nicht einmal seinen Namen nennen will. Die Enttäuschung, versagt zu haben, das ist eine Last, die er kaum ertragen kann. Aber mit Gleichgesinnten – vielleicht kommt das doch noch zu einem vernünftigen Ausgang.

Ich werde mich langsam zurückziehen und nur noch den Beobachter spielen. Das muss genügen. Ich fühle mich eigentlich schon zu „weise" für diese Tätigkeit. Aber ein wenig geht noch. Also, ich hoffe, diese „Berichterstattung" klärt alles. Ich habe mein Bestmöglichstes getan. Krieg ich ein dickes Lob ...

Umarme dich in und mit Liebe aus der schneebedeckten Ferne.
Willi

31. Januar 2019

Meine geliebte, beste Freundin!
Geliebte Mama!

Wie kommst du auf die Idee, dass du dich freigibst für Nachrichten aus der anderen Welt? Das ist dein wunderbares Sozialverhalten den Menschen gegenüber, die Hilfe dringend brauchen. Jetzt dehnst du das auch auf die Seelenwelt aus – ja, der Wirbel um dich war geradezu ein Chaos schlechthin. Da war Ordnung angesagt, da musste mit „heiligen Besen" gekehrt werden. Stell dir den „Zauberlehrling" vor, so weit von der Wahrheit ist das nicht. Bleiben wir lieber im vertrauten Kreis, denn sonst wirst du die „Geister" wirklich nicht mehr los!

Ja, Mama, das mit dem Buch ist völlig in Ordnung. Es ist die Geschichte einer Mutter, die ihr – wenn auch erwachsenes – Kind auf tragische Weise verloren hat. Es ist eine Mutter-Sohn-Geschichte, die sich als Wunder entwickelt, weil der Vorhang zur anderen Welt weggezogen wird und sich dadurch neue Erkenntnisse ergeben. Es wird aufgezeigt, dass der Tod eines Menschen nicht nur Trauer und Schrecken bedeutet, sondern auch sehr wohl die größte Hilfe zur Überwindung eines schmerzvollen Verlustes sein kann.

Das ist der eine Teil deiner – unserer Geschichte. Der andere Teil ist der einer Ehe, die auf gewaltsame Weise in die Brüche geht. Die Familie, die im Stich gelassen wird, weil die Neugier und die Abenteuerlust des Familienvaters stärker sind. Letztendlich kommt jedoch zum Ausdruck, dass die Liebe alles verzeiht, die Verbundenheit ist somit untrennbar.

Dieses Thema ist noch viel wichtiger als meine Geschichte, weil sie ein absolut menschliches Problem darstellt. Schließlich musstest du dich beinahe ein „ganzes Leben" bemühen, deinem Mann, meinem Vater, zu verzeihen, zu vergeben und zu tolerieren, was er gemacht hat.

Meine Geschichte ist dagegen ein Anstreifen auf die Frage: Was geschieht mit uns nach dem Tod? Deine, unsere

Antwort darauf kann man als Mensch akzeptieren oder glauben, muss man aber nicht! Und deshalb ist dieses Buch etwas, das unbedingt unter die Menschen MUSS.

So jetzt lassen wir drei unsere Geschichte auf Reisen gehen – und wie man in deiner Welt sagen darf: Schauen wir, was wir sehen werden!

Wir umarmen dich mit all unserer Liebe aus ganzem Seelenherzen in Zweisamkeit.

Wir 2 *(Fritz und Willi)*

Weitere Botschaften an Annemarie Kury

Botschaft von Rudolf (Annemaries Vater)
verstorben am 28. Juni 1979

22. November 2013

Ich sag dir nicht HALLO, ich sag dir ein einfaches GOTT ZUM GRUSS!

Hallo ist mir zu fremd, das ist kein Gruß. Und ich weiß, du bist damit einverstanden. Aber – damit ich nicht ganz aus der Reihe tanze:

Hallo, mein geliebtes „Töchterl"!

Schön, dass du dich bei mir meldest. Hatte schon das Gefühl, du vergisst mich in deiner schmerzhaften Mutterliebe. Stimmt also doch nicht, du nimmst dir die Zeit.

Ja – und um die Fragen zu beantworten:

Ja, es geht mir gut, sehr gut.
Ja, ich bin an deiner Seite.
Ja, deine Liebe zur Hilfe hast du durch mich.
Ja, ich habe es mit dir gemeinsam gewollt.
Ja, ich bin der Initiator all deiner Aktionen.
Ja, ich habe dich um dein Einverständnis gebeten.
Ja, du tust es mit meiner Energie.

Helfen ist eine selbstverständliche Notwendigkeit und hat den großen Vorteil, dass man seine eigenen Sorgen, Schmerzen und auch Ängste großteils ausschalten kann. Hinhören alleine tut es nicht, denn die Ohren sind nur Körperteile.

Ich bin unendlich stolz auf dich. Auf deine Bescheidenheit, auf deinen Mut, deine Tapferkeit, deine Liebe und auf deinen nimmermüden Einsatz. Ich habe schon alles für deine Ankunft vorbereitet. Es dauert zwar noch eine Weile, aber zum Ausruhen wird nicht viel Gelegenheit sein. „Bosnien" ist überall, auch hier bei uns.

Danke dir für deine Dankbarkeit auch mir gegenüber. Ich habe etwas ganz Großartiges in die Welt gesetzt: DICH. Andere mögen Denkmäler haben. Meines lebt und ist sich selbst genug.

Mach weiter – mir wird sonst irgendwie langweilig! Stell dir vor, ich weiß das!
Bussi Papa

Botschaft von Rudi (Annemaries Bruder)
verstorben am 29. Jänner 1987

7. Juni 2017

Meine geliebte, große Schwester!

Nur weil du es bist, melde ich mich jetzt. Nur ein einziges Mal, weil du sonst weiterhin suchend, fragend unterwegs bist. Ich freue mich, dich zu hören und dich zu sehen. Du warst und bist immerhin der einzige Mensch, der mich wirklich geliebt hat. Du, mit deiner etwas verschlossenen, dennoch so liebevollen Art. Ich weiß, dass das alles in deinem Menschsein vorhanden ist, weil es aus der übergroßen GÖTTLICHEN Energie kommt.

Ich möchte dir aus ganzem Herzen für diese Liebe danken, die mich durch mein Menschsein begleitet hat. Danke für alles.

Bitte, denke nicht mehr an die Umstände meines Todes. Es war gut so, wie es war, denn es war mein Schicksal. Als Mensch glaubt man oft, an seinem Leben zu zerbrechen. Als Seele erkennt man die wahren Hintergründe und beginnt richtig zu „leben".

Ich bin gut aufgehoben, all meine Träume haben sich erfüllt – was gibt es Herrlicheres als die Vervollkommnung in Frieden, in der Harmonie, in der Liebe und in der Zufriedenheit. Einen Teil davon, und sei es auch noch so schwierig, gebe ich dir jetzt damit auf deinen Weg.

Ich grüße dich in ewiger Liebe, Rudi

Botschaften von Gertrud (Annemaries Mutter)
verstorben am 11. Mai 1993

25. Mai 2011

Es ist gut, an GOTT zu glauben und zu beten. Dann steht man an der Seite, wo Jesus ist. Wenn dann das Gericht kommt, wird man nicht verurteilt.

Ich habe alles so im Leben getan, wie es gottgefällig ist. Mehr ist es nicht gewesen, weil es nie anders sein durfte. Mein Leben war schwer, ich habe es im christlichen Sinn ertragen. Ich werde Buße tun, wenn es verlangt wird. Beten ist immer gut, aber in der Kirche und mit dem Pfarrer. Alles andere ist gegen die Religion.

Danke für die Hilfe – ich habe sehr lange schlafen dürfen. Es ist alles so, wie es sein soll. Jetzt bin ich zufrieden.

21. Dezember 2011

Gott zum Gruß, Anna-Marie!

Danke, dass du dir Gedanken um mein Wohlergehen machst. Ich weiß jetzt, dass du immer anders warst als ich. Eine Situation, mit der ich nicht zurechtgekommen bin. Dein Leben war immer in Sicherheit als Frau, das hat mir zu schaffen gemacht. Ich konnte mich nicht aus meinen Erinnerungen lösen, das geht immer noch nicht. Zu viel Leid, zu viel Schmerz, zu große Ängste, viel zu große Ängste. Du hattest auch Ängste, aber du hast sie immer überwunden.

Du bist ein starker Mensch, zu stark für mich. Aber ich lerne jetzt deine Stärke kennen und vielleicht – einmal irgendwann – wird es mir gelingen, dich zu verstehen, unsere gemeinsame Vergangenheit zu verstehen.

Es ist eine grausame Schuld für eine Mutter, ihr Kind nicht so zu lieben, wie es ist. Aber es ist nicht nötig für dich, darüber nachzudenken. Du hast mich immer in Ehren gehalten, so, wie es die Bibel fordert. Ich habe als Mutter meine Pflicht getan, manchmal ist es eben nur die Pflicht.

Ich danke dir für deine Hilfe an mich. Auch wenn du ganz anders lebst, ich habe Achtung für dich und dein Tun. Das ist gottgefällig und im Sinn der Kirche.

Grüße an dich aus meiner jetzt guten und schönen Welt.

Botschaften von Christl (die „lustigste" Cousine)
verstorben März 2012.

3. Mai 2012

Hallo Annemie!

Du willst sicher wissen, wie es ist, wenn man tot ist. Nämlich, wie es ist, wenn man alt und grau sterben muss, nur weil sich irgendwelche Organe einbilden, nicht mehr funktionieren zu wollen. Es ist nicht schön, weil zu viel verloren geht, was auf der Erde zurückbleibt. Ich fühle mich einsam, verlassen und vom Schicksal betrogen. Ich weiß, du willst nicht, dass man mit unabänderlichen Situationen hadert – aber ich tue es trotzdem. Es gibt so viele Menschen, die sterben wollen. Warum konnte ich nicht tauschen. Das ist eine Gemeinheit, aber das Leben ist gemein!

Bitte, kümmere dich um den Buben. Aber ich weiß jetzt schon, dass du keine Zeit hast. Traurig aber wahr!

Ich muss mich erst einrichten, aber es ist nicht so schlimm, wie es aussieht. Ich brauche Zeit und finde sie nicht. Rede mit mir – es ist so chaotisch.

Danke für alles.
Christl

13. September 2012

Hallo Annemie!

Der Blitz soll alle die treffen, die behaupten, es gäbe kein Alter, nur einen nicht mehr ganz jungen Menschen! Ich habe diesen Volltrotteln vertraut und mir damit mein eigenes Grab geschaufelt. So eine Idiotie!

Jeder muss gehen und das Gehen bedeutet sterben und damit ist die endgültige Auflösung der menschlichen Materie gemeint. Nur das Gehirn funktioniert auch hier – was ein reines Absurdum ist.

Also, du Neugiersnase, ich habe mich damit abgefunden, tot zu sein, aber es ist und bleibt eine Gemeinheit. Wozu das ganze komplizierte Leben, wenn man am Schluss den Tod am Hals hat – wie schon gesagt: Eine Gemeinheit. Überleg es dir gut zu sterben – vielleicht gibt es doch eine andere Lösung. Ich glaube aber nicht daran.

Nein, du kannst nichts tun, was könntest du auch. Ich bin ja nur tot – sonst nichts!

Liebe Grüße aus – von wo weiß ich noch nicht so genau!
Christl

29. November 2012

Hallo Cousine!

Lieb von dir, dass du dich mit mir unterhalten willst – ich sag dir aber gleich, es gibt nicht viel Neues und es ist eigentlich gar nicht so wichtig, darüber zu reden. Wenn jemand glaubt, ich habe meine Einstellung geändert, dann irrt er sich.

Nein, stur bin ich nicht, ich habe nur meine Meinung, und das wird ja noch erlaubt sein. Ich bin zwar tot (kaum zu glauben), aber noch lange nicht mundtot. Das ist auch gut so, denn hier stehen viele herum, reden nichts, tun nichts und haben auch nichts zu sagen. Die muss man, so wie die Menschen auch, an der Hand nehmen und zu ihrem Glück zwingen. Bei mir heißt das arbeiten und etwas Sinnvolles tun. Es kommen hier „Tag für Tag" Hunderte verletzte Seelen an – teils schwerverletzt – und da heißt es: „Packen wir an". Es gibt viel zu tun.

Jetzt weiß ich auch, warum ich sterben musste: Meine irdischen Kräfte waren im Auslaufen, hier werde ich viel dringender gebraucht. Die Erde sieht mich nicht mehr wieder, hier kann ich mich sinnvoller betätigen.

Also mach´s gut und lass dich unbedingt bei mir anschauen, wenn du hier eintriffst – du brauchst nur dorthin entschweben, wo am meisten gejammert wird.

Liebe Grüße aus dem geistigen Jammertal.
Christl

30. Mai 2013

Hallo Annamirl!

Nein, es geht mir immer noch gegen den Strich, dass ich tot bin. Aber ich habe es mir leicht gemacht und bin jetzt damit einverstanden. Der Klügere gibt nach – und klug war ich immer schon. Auch wenn das Leben sehr oft mit mir gestritten hat. Und so dramatisch ist der körperliche Schwebezustand nicht – nie mehr Diät halten müssen, keine muskelbeleidigende Gymnastik und – keine Falten mehr! Ist doch schon was, also bin ich doch die Klügere.

Mein Schwesterlein hat sich aus Verzweiflung ein sehr dünnes Nervenkostüm zugelegt. Ich glaub, sie möchte lieber noch Mensch sein. Versteh ich nicht, zumindest nicht mehr. Aber das wird sicher besser. Tot sein ist gewöhnungsbedingt. Aber – man gewöhnt sich an alles. Auch an den absolut großartigen Schwebezustand.

Musst dir keine Gedanken machen – ich bin auch weiterhin für alle da. Sogar für mehr als alle.

Freue mich auf ein Wiedersehen – aber nur – wenn auch du daher geschwebt kommst.

Herzlichst aus dem Himmel.
Christl

Botschaft von Sefko
verstorben am 10. Dezember 2004 in Bosnien.
(Annemarie war ihm eine mütterliche Freundin)

23. November 2011

Dein „Sohn" sagt zu mir, du bist eine wertvolle Gabe Gottes an die gequälte Menschheit und ich weiß, er meint damit alle diejenigen Gottheiten, die wir Seelen als Menschen auf verschiedenste Art und Weise bezeichnen. Also,

Gott zum Gruß, liebste Freundin aus den vergangenen Tagen meines irdischen Daseins. Wo ich jetzt bin, erkennst du, was ich bin, weißt du und mit wem ich jetzt bin, verstehst du. Ich wäre gerne als Mensch dein wirklicher Sohn gewesen, aber das war reines Wunschdenken. Jetzt sind unsere Seelen verbunden, auch wenn du noch nicht im wahren Leben angekommen bist.

Denk bitte nicht an meine irdischen Qualen, ich habe sie gerne ertragen. Sie haben einen frühen Heimgang für mich möglich gemacht. Mein Wunsch war immer, alles Gute auf einmal zu tun und dann „frei" zu sein – ich habe es nur nicht bewusst gewusst. Bestimmte Krankheiten sind schicksalsbedingt und keiner entgeht seinem Schicksal. Man kann nur das Beste daraus hervorholen. Genau das habe ich getan. Wenn auch nicht auf angenehme Weise.

Dich kennenlernen zu dürfen war ein Geschenk des Himmels an mich. Von welchem „Gott" auch immer.

Ich werde dir eines Tages eine Krone als Dank aufsetzen, damit du allen Wesen zeigen kannst, was ein Mensch in Ausübung seines Willens und seiner Überzeugung in die Wege leiten kann.

Du hast ein kleines Universum aus Menschlichkeit errichtet in einer Größe, die dem wahren Universum in nichts nachsteht. Ob du es glauben kannst oder nicht: So ist es, so wird es sein bis ans Ende aller Tage.

Ich grüße dich aus einem Himmel voller Freude und Frieden und sende dir dieses Licht in dein Herz.

Danke in allen Ehren,
Sefko

Botschaft von Nermina
verstorben im August 2009 in Bosnien.
(Annemarie war ihr eine mütterliche Freundin)

23. November 2011

Hallo meine geliebte „Mama"!

Du denkst so viel an mich und über mich, das ist so gut für mich. Ich bin nicht gerne aus der Welt gegangen, aber es war das Beste für mich. Ich bin im Leben herumgeirrt und habe keinen Halt gefunden. Es geht nichts, wenn man sich nirgends sicher fühlt. Jetzt weiß ich es und habe es auch verstanden.

Hier fühle ich mich sicher und geborgen. Deine Liebe, deine Gedanken sind wie eine breite Straße von hier zu dir. Ich lebe mit dir in deiner Welt und lerne, wie es sich anfühlt, als Mensch Mensch sein zu dürfen – du zeigst es mir und ich bin glücklich damit. Ich habe dich nicht um Erlaubnis gefragt, aber ich bin ganz still und leise an deiner Seite. Du warst wie eine Mutter zu mir, jetzt weiß ich, wie eine Mutter sein soll – danke dafür, dass ich auch ein Kind von dir war. Als Mensch habe ich nichts gewusst, nur geahnt.

Aber dein „lieber Gott" hat mich kommen lassen, als ich nichts mehr konnte. Dein Vertrauen und dein Glaube an die Güte des Himmels und die Gnade Gottes – sie stimmen. Ich habe sie erhalten.
Dankesworte sind zu wenig, aber meine Liebe zu dir ist mehr als aller Dank der Welt. Wenn du meine Liebe spüren willst, dann: Hol sie dir. Deine Nermina

Botschaft von Medina
verstorben am 6. Juni 2011 in Bosnien
(Annemarie war ihr eine mütterliche Freundin)

23. November 2011

Ich hab dich sooo lieb,
ich hab dich sooo lieb,
ich hab dich sooo lieb,
dass es für viele Leben reicht.

Du bist mein wunderbarer Engel – jetzt bin ich dein Engel!

Du hast ein helles Licht in meine Dunkelheit gebracht.
Jetzt weiß ich es. Ich danke dir dafür.

Jetzt bin ich ein Licht für dich in deiner Traurigkeit.
Ich bin da, weil du mich brauchst in deiner Traurigkeit.
Ich begleite dich, so wie du es für mich getan hast.

DANKE
Medina

Botschaften von Ludwig – verstorben im August 2013
(Ein Schulkamerad von Annemarie)

10. Dezember 2013

Hallo Annemarie,

… du betest doch immer, tu es bitte auch für mich. Ich fühle mich alleine und verlassen – so habe ich mir das nicht vorgestellt. Jetzt muss ich damit leben, obwohl ich tot bin.

Ich weiß nicht, wie ich das verkraften kann. Ist Gott jetzt böse auf mich, bin ich verdammt? Nur weil ich den Mut gehabt habe, mein Leben nach meinem Willen zu beenden? Es sind so viele Fragen da, aber die Antworten offen. Wer gibt sie mir – an wen soll ich mich wenden? Rede mit mir, du bist die einzige Person, der ich vertraue, der Mensch, dem ich vertrauen kann. Du hast eine klare Sicht der Dinge – auch mit meiner Situation?

Ich bitte dich um deine Hilfe – aber such mich nicht an meinem Grab. Ich habe diese Art der Heuchelei satt.

Liebe Grüße aus dem Nirgendwo.
Ludwig

(Die Bitte von Ludwig hat Annemarie gerne erfüllt. Beinahe täglich hat sie ihm in ihren gedanklichen Gesprächen seine Situation erklärt. Und sie hat auch Fritz und ihren Mann Willi gebeten, Ludwig zu unterstützen – bis zu dem nächsten und letzten Brief):

1. April 2015

Hallo Annemarie!

Danke, tausend Dank an dich für all das, was du für mich getan hast. Vor allem, weil deine Gebete für mich Licht in meine Dunkelheit gebracht haben. Und, weil du mir deinen Mann geschickt hast. Das war wie ein Wunder für mich.

In der Einsamkeit der hohen Berge habe ich mich gefunden und endlich verstanden. Es ist ein schwieriger Weg, sich selbst zu erkennen. Er hat es mir erklärt und ich habe es auch verstanden.

Nun ist es licht geworden und ich bin bereit, meine Verfehlungen zu erkennen. Und jetzt weiß ich auch, dass ich das Recht hatte, mein Lebensende selbst zu bestimmen. Die Ursache dafür liegt für mich noch im Dunkel – ich bin einfach nur vor mir davongelaufen.

Danke, danke für alles – jetzt würde ich am liebsten für dich ein Gebet sprechen. Nimm es, bitte, an und denke weiterhin in Verständnis und Respekt an mich – oder ist das die berühmte „Liebe", von der alle wissen?

Ich grüße dich nochmals in Dankbarkeit.
Ludwig

Botschaft von Ferry – verstorben am 26. März 2008

7. März 2018

Hallo Annemarie!

Na, wer sagt's denn. Du bist wirklich unermüdlich in deinem Wirken. Jetzt hast du auch mich „entdeckt" – mit Hilfe zwar, aber es ist dir zu verdanken, dass es jetzt diese Mitteilung gibt.

Glaub mir, es tut mir keine Sekunde leid, nicht mehr am Leben zu sein. Sicherlich, die Zeit vor dem endgültigen „Aus" war nicht die angenehmste. Im Gegenteil: Wenn es einmal soweit ist, dass jede „Hilfe" ad absurdum führt, ist man froh, einen Freund zu haben, den man schlichtweg als „Tod" bezeichnen kann und darf.

Ich habe ein sehr schlechtes Gewissen all den Menschen gegenüber, denen ich „gute Ratschläge" und „vernichtende Medikamente" verordnet habe, damit sie ihr Leben verlängern können. Der Paracelsus-Eid ist Schwachsinn, wenn es um die Wahrheit geht. Reine Geschäftemacherei auf Kosten von Unwissenden – aber, wem sage ich das!

Ich freu mich schon auf unser Wiedersehen, mal sehen, wenn oder wann es soweit sein wird. Ich weiß ja, dass du noch nicht die Absicht hast, all deine Tätigkeiten aufzugeben. Du bist eine so weise, gütige und selbstlose Person – aber sehr, sehr streng zu dir selbst. Das ist die Energie, die deinen Körper am Leben hält. Aus deinen „geistigen Genen" müsste man das Wundermittel des

„ewigen Lebens" machen können. Der Jungbrunnen, in den sich alle hineinstürzen – wenn der Gedankengang nicht so märchenhaft wäre, wäre seine – ist seine Verwirklichung der reinste Horror.

Ich habe auf jeden Fall die Absicht, irgendwann als „Heiler" wirken zu können. Wo ist nicht wichtig, wann auch nicht. Ob ist klar, ich will einmal „irgendwo im Nirgendwo" beweisen, dass Heilung eine großartige Quelle aus Kraft und Energie ist – nicht die Machtquelle geldgieriger Konzerne.

Und, da ich dich kenne, bist du sicher eins mit mir.

Sende dir ganz liebe Grüße von HIER nach DIR.
Ferry

Botschaft von Patrick
verstorben am 29. Juli 2018, verunglückt am Berg

12. September 2018

Grüß Gott, Frau Annemarie!

Ich bin Patrick, der den Berg verfehlt hat. Ich bin tot – aber das wissen Sie schon. Weil Sie Tote spüren und über das Tot-Sein sehr viel wissen. Und jetzt bin ich auch einer von ihnen.

Wissen Sie, wenn man selber nicht mehr lebt, dann ist das nicht so schlimm. Man kann es ja nicht wieder ändern. Und das ist sehr traurig. Mir geht es ja gut, weil ich das ganze Runterfallen irgendwie nicht mitbekommen habe. Ich habe es erst gemerkt, als ich aufstehen wollte – weil mir nichts wehgetan hat – und mein Körper einfach nicht reagiert hat. Ich schon, ich war neben mir. Ein saukomisches Gefühl in einer saukomischen Lage – ich war tot. Alles andere wissen Sie schon.

Was jetzt so schrecklich für mich ist, ist die Begegnung mit den Eltern. Den Bruder schaff ich schon, der ist, glaube ich, ganz okay. Aber die Eltern – was soll ich ihnen sagen? Das ist einfach eine riesige Belastung für mich. Ich, der immer so gut drauf war, flieg vom Berg. Ich glaube, ich schaff das nicht. Ich trau mich nicht – was soll ich tun. HILFE!

Liebe Frau Annemarie, Sie helfen doch jedem. Sie sind so eine Art Mensch mit unsichtbaren „Flügerln". Also ein Engel auf Erden. Sie helfen, wo Sie können – können

Sie auch mir helfen? Ich habe schreckliche Angst wegen der Eltern. Wer weiß, ob sie mir je diese Dummheit verzeihen werden. Was soll ich tun?

Sie haben selbst Kinder um sich, eine Menge, vielleicht können Sie mich miteinschließen und für mich reden. Das wäre das größte Glück für mich.

Vielleicht schaffe ich es, dass sie mit mir gemeinsam diesen Berg – und er ist wie das Matterhorn – bezwingen.

Ich danke jetzt schon für Ihre Hilfe.

Liebe Grüße aus dem Geistigen – „Berg-Heil"
Ihr Patrick

Botschaft von Patrick an seine Eltern

13. Oktober 2018

Hallo Mama, hallo Papa!

Ich bin so froh, dass ihr da seid. Ich habe so lange warten müssen, das war sehr arg für mich. Danke, dass ihr da seid.

Mama, es tut mir so leid für dich. Du hast mich ja gewarnt – du hast gespürt, wie es mir geht. Aber ich hab nicht hören wollen. Ich bin ein Mann und Männer können alles, wenn sie es wollen! Und das ist richtig gewesen. Es war auch ganz anders als alle glauben.

Ich bin nicht geflogen, weil mir schlecht war. Ich bin runtergeflogen, weil da war etwas ober mir – ich glaube ein Vogel. Der hat mich angegriffen und ich hab den Halt verloren. Glaube mir, es war ein Riesenvieh – das ist wirklich wahr! Stell dir vor, dir passiert sowas. Ich habe eine Dummheit gemacht. Ich wollte mich wehren und da ist mir schwindlig geworden, weil ich mich nicht wohl gefühlt habe. Aber das hab ich schon öfter gehabt – es war dieses Vieh. Wenn ich ruhig geblieben wäre, wäre nichts passiert. Aber ich hab gefuchtelt … Bitte, versteht ihr das – ich habe gefuchtelt!

Jetzt bin ich nicht mehr am Leben, das ist schlimm genug. Aber ich bin immer bei euch – immer! Und ich will mein Geschenk noch, sonst …

Hab euch ganz lieb, Patrick.

Es geht mir ganz gut – nein, ich bin sehr traurig. Nein, noch nicht … Nein, ich bin aufgewacht, weil ich ja tot war – aber bei euch in meinem Zimmer. Aber es sind viele da. Laura, die ist neu.

Am **12. Dezember 2018** schreibt Patrick eine Botschaft an seine Mutter und erwähnt seine Begegnung mit Willi Kury: (Zitat): … *Und der Willi und ich, wir sind ein gutes Team in den Bergen. Bei ihm ist es ja noch blöder zugegangen wie bei mir* … (siehe auch Botschaft von Willi vom 27. Dezember 2018, Seite 207)

Ansprachen bei der Verabschiedung

Worte von Raphael, dem älteren Sohn von Fritz, bei der Verabschiedung am 2. Juni 2009

Ich habe Tage damit verbracht, mir zu überlegen, was ich in den paar Minuten hier sagen soll und ich habe gemerkt, dass es mir einfach unmöglich ist, in der kurzen Zeit das alles zu sagen, was in meinen Augen notwendig wäre, um ihn wirklich so zu beschreiben, wie ich ihn erlebt habe. Dennoch möchte ich einen kurzen Einblick geben, wie ich ihn als Sohn erlebt habe und in Erinnerung behalten werde.

Ich habe nicht nur einen Vater verloren, sondern einen Freund, der stets für mich da war, den ich immer um Rat fragen konnte, wenn ich etwas gebraucht habe. Der mit seinem Charakter, seiner Ausstrahlung, seinem Humor, seinen Tipps, seiner Geduld und noch vielen anderen Eigenschaften nicht nur eine Bereicherung für mein Leben war, sondern mich auch wesentlich geprägt hat.

Wir haben viel mit ihm erlebt – seien es die gemeinsamen Reisen an weit entfernte Orte, die gemeinsamen sportlichen Aktivitäten oder die Treffen mit Familie und Freunden. All diese Erinnerungen, Erlebnisse und Gespräche werden mir ewig im Gedächtnis bleiben und dafür sorgen, dass ich ihn nie vergessen werde.

Er hat mich durch mein bisheriges Leben begleitet, alle Höhen und Tiefen miterlebt und stets zu uns gehalten. Er hat den Fokus für die Dinge, die ihm wirklich wichtig waren, nie aus den Augen verloren. Er hat mir den Weg geebnet – ohne ihn wäre ich jetzt nicht der Mensch, der ich heute bin.

Es gibt unendlich viele Erlebnisse aus der Vergangenheit und ich möchte ein besonderes Erlebnis erzählen, weil es, denke ich, sehr gut widerspiegelt, wie er war. Es war meine Maturazeit und ich habe unter anderem das Fach Biologie gewählt. In der Vorbereitungsphase für den mündlichen Teil habe ich viel mit ihm gelernt und er konnte mir auch vieles so erklären, dass es einfach war zu verstehen.

Am Prüfungstag selbst war ich sehr aufgeregt. Ich war ganz in der Früh dort und meine Prüfungen zogen sich über den ganzen Tag verteilt hin. Mit Biologie war ich als Letzter dran – irgendwann gegen 18.00 Uhr am Abend. Das war das einzige Fach, wo es wirklich um was ging. Nicht nur, dass ich dann auf die mündliche Prüfung ein „sehr gut" bekommen habe, war ich auch sehr stolz auf

Fritz mit seinen beiden Söhnen –
v.l.n.r. Raphael, Sebastian, Fritz

mich und ihm sehr dankbar. Ich habe mich dann auf den Heimweg gemacht und als ich das Schulgebäude verlassen habe, sehe ich sein Auto stehen und er saß drinnen. Er hat stundenlang im Auto vor der Schule gewartet, nur um zu wissen, ob ich's geschafft habe oder nicht. Damit hatte ich nie im Leben gerechnet, aber es hat mich sehr gefreut und sein Gesichtsausdruck über die Freude meines Erfolgs hat mich den ganzen Stress der Matura sofort vergessen lassen.

Er hatte Feinfühligkeit für Menschen und Situationen kombiniert mit einer Herzlichkeit und einer Geduld sowie dem unbändigen Interesse ständig Neues zu entdecken, die ich selten bei anderen Menschen gefunden habe.

Egal, ob man ihn als Sohn, Freund, Geschäftspartner oder auf andere Weise kennengelernt hat – stets hat er einen bleibenden Eindruck hinterlassen. Für mich persönlich den besten, den er konnte. Ich werde ihn nie vergessen und ich bin ihm sehr dankbar für alles, was er für uns getan hat. Ich bin sehr stolz auf ihn und froh sein Sohn zu sein.

Danke für alles PAPA!

Fritz mit Raphael (li) und Sebastian (re)

Worte von Sebastian, dem jüngeren Sohn von Fritz, bei der Verabschiedung am 2. Juni 2009

Lieber Papa!

Du warst ein besonderer Vater. Du warst ein besonders junger Vater.

Das Erste was mir zu dir einfällt und eingefallen ist, ist unser außergewöhnliches Verhältnis. Mehr wie gleichgestellte Freunde als wie Vater und Sohn. Viele meiner Freunde haben sich gewundert, dass so eine freundschaftliche Beziehung mit einem Vater überhaupt möglich ist. Viele Außenstehende haben dich nicht als Vater identifiziert, sondern als Bruder oder Freund. Wir haben gemeinsame Hobbies gehabt, uns spontan getroffen und über das geredet, was uns gerade beschäftigt hat.

Doch du warst nicht nur ein guter Freund, sondern hast auch als Vater für meinen Bruder und mich gesorgt. Du hast unsere Ausbildung finanziert und erst im März eine Wohnung gekauft, in der meine Verlobte und ich jetzt wohnen und wahrscheinlich die nächsten 20 Jahre wohnen werden.

Wenn wir Hilfe gebraucht haben, hast du uns immer geholfen. Wenn wir dich am Handy angerufen haben, hast du immer abgehoben, auch wenn du gerade in Dubai in einem Meeting warst. Du hast uns nicht verhätschelt oder extrem verwöhnt, aber immer geschaut, dass es uns gut geht und wir alles haben, was wir brauchen.

Du wolltest immer, dass wir selbständig werden. Das sind wir!

Mein Bruder hat einen guten Job und meinen ersten Arbeitstag nach dem Studium hast du, kurz vor deinem Tod, gerade noch miterleben können.

Es gibt viele Eigenschaften, die ich an dir bewundert habe: Deine gute Laune, deine angenehme Art, dein Selbstbewusstsein, deine Kompetenz, deine Bescheidenheit und nicht zuletzt deine Art Prioritäten zu setzen. Ich kann mich zum Beispiel erinnern, dass wir am Tag der Übersiedlung von „ViennaLab" auf den Gaudenzdorfer Gürtel einen halben Tag wandern waren. Das hat mich beeindruckt. Jeder andere wäre sicherlich sehr gestresst gewesen. Du hast das anscheinend alles so gut organisiert, dass du dir das leisten hast können. Du hast das gemacht, was dir wichtig war, und hast dich nicht in irgendwelche Klischees drängen lassen. Das war sehr bewundernswert.

Ich bin dir für so vieles dankbar.

Zum Beispiel für die Reisen, die wir gemeinsam gemacht haben: Wir haben in Marokko in der Wüste geschlafen, wir haben türkische Bazare besucht, wir haben in einer exotischen chinesischen Landschaft eine Radtour gemacht, wir haben in Burkina Faso ein Dorffest besucht, auf Kap Verde gegrillten Thunfisch gegessen, in Südafrika den Tafelberg bestaunt und in Griechenland unsere private 3-Herren Bucht besucht.

Für diese und viele andere tollen Reisen und Erinnerungen bin ich sehr dankbar.

Doch am dankbarsten bin ich für das Alltägliche: Für das gemeinsame Schwimmen gehen ins Schafbergbad, das Spazierengehen im Wienerwald, für die Schitouren, das Wandern, das Reden, das gemeinsam etwas unternehmen.

DANKE!

Worte bei der Verabschiedung von einem seiner engsten Mitarbeiter

… Über vieles musste nicht gesprochen werden, die Kommunikation zwischen uns, seinen Mitarbeitern und ihm, erfolgte zu einem großen Teil längst als stillschweigendes Verständnis – ohne dass dafür von ihm dogmatisch vorgegebene Regeln erforderlich gewesen wären. Dogmen waren seine Sache nicht. Ich habe neben ihm niemanden kennenlernen dürfen, der so grundsätzlich auf Vorurteile, ja auf Urteile überhaupt verzichtet hat und verzichten konnte wie Fritz Kury. Auch darin wird er für viele von uns ein großes Vorbild bleiben.

Sein Nachdenken, ob über Betriebliches, wirtschaftlich Strategisches, über das, was wir die Welt nennen – sein Nachdenken über Soziales, Politisches schien nie abgeschlossen zu sein, immer blieben für ihn Möglichkeiten zurück, die wert waren weiter zu bedenken. Wir alle haben seine Weigerung, auf dem schnellsten Wege zu abschließenden Urteilen kommen zu müssen, haben diese Unentschiedenheit lange Zeit als Unentschlossenheit missverstanden. Fritz Kury war alles andere eher als unentschlossen. Er hat seinem Nachdenken über Umstände und Probleme aber mehr Zeit gegeben, als ihnen, die nach konventionellen Wirtschaftslehren vermeintlich unumgängliche und allgegenwärtige Prämisse des unbedingten Agierens und jederzeitigen Handelns unter allen Umständen, allgemein zusteht. Wo diese vor allem anderen nach kurzfristiger Gewinnmaximierung schielen, stand für ihn das Bemühen um Nachhaltigkeit im Vordergrund.

… Der wirtschaftliche Erfolg seines Unternehmens, so beeindruckend und seit vielen Jahren schon beinahe selbstverständlich er sich darstellen mag, war ihm nie bloßer Selbstzweck. Sein Ziel war Erfolg und war gleichzeitig die größtmögliche Qualität der Zusammenarbeit. Das Erste war für ihn vom Zweiten nicht zu trennen und er hat als Lebensqualität bezeichnet, wo beides gelungen ist. Was er zu diesem Gelingen von Lebensqualität für alle von uns bei „ViennaLab" beigetragen hat, war nie besonders spektakulär. Stillschweigende Zugeständnisse an persönliche Bedürfnisse, die er erkannt oder eher vermutet, Freiheiten, die er zugestanden hat, um damit jenes Klima und jene Freiräume zu schaffen, die unsere jeweiligen Möglichkeiten gefördert und herausgefordert haben. Kleine Gesten, leicht zu übersehen und von ihm nie erwähnt. Zuletzt etwa, als er an einem Wochenende oder spätabends eine schlecht schließende Tür abgedichtet hat, um die Mitarbeiterinnen im Lager vor den Ausdünstungen des Styropors zu schützen, das dort lagerte. Nach der zufälligen Entdeckung dieser von niemandem eingeforderten Verbesserung angesprochen, meinte er nur, ja, er hätte ein wenig an der Tür dilettiert und hoffe, dass es etwas gebracht hat. Fritz Kury hat nie Loyalität von uns eingefordert, sie war ihm und ist im sicher …

Andreas Kofler

Einige Auszüge aus Kondolenzbriefen von Geschäftspartnern

Spanien:
We are very sad about the news about Fritz. We will remember his sympathy and professionalism.

Israel:
I am terribly saddened by this. I liked Fritz, and appreciated his way of doing business. I can see how difficult this is for you all. Please accept my deepest condolences. If there is anything I can assist you with, please let me know, now or in future.

Südafrika
I have no words do describe how I feel! I am shocked and incredibly sad by this news. I am thinking of you and everyone at ViennaLab and please convey my thoughts to everyone including his two sons.
I had a long and pleasant Skype talk with him a while back and he always made me feel like a good friend.

Hong Kong
I received the news last night of Fritz's unexpected death. We are greatly saddened by this news. I had many enjoyable discussions, both personal and professional with Fritz.

Niederlande
The message of Fritz's death really came as a shock to me as well. It must be very hard for everyone around him to believe that he is not there anymore. His kind

and gentle personality will surely be missed!

Italien

It is difficult to try to write something when you don't know, what you want exactly to say. The only thing that is clear for us is the sadness that is evidence remembering a person really special not only for the professional relation, that we linked but even as a person for his softness, his availability, his calmness, his joviality and his frank friendship, that we have learned to know during these years. It has been for us and for all NLM company a privilege have been known and collaborated with a person as Fritz Kury.

Iran

I am deeply in shock and I can not believe this happened to him. I know him for more than 10 years and he was one oft he best people who I have met in my life. Please give my condolences to everyone in the company and his family.

Thailand

I want to express my condolences to you and the ViennaLab team. As with everyone, this came as a profound shock. Fritz was far too young and had much more to offer. I had many enjoyable discussions with Fritz, here in Bangkok as well as in Vienna. Please let everyone know, that our team in Thailand and our colleagues in SE Asia express our condolences.

Schweden

It certainly are very sad news to us. Although it is not much more than one year since we learned to know Mr.

Kury. He became a very appreciated friend and respected partner to us in our company. We see him as a warm and friendly, calm, skillful and reliable person, always a pleasure to be in touch with. Now in this heavy moment our thoughts go to his family and his colleagues and we feel Fritz left us with a big emptiness.

Schweiz

Ich kann nicht glauben, ich kann nicht verstehen, ich bin schockiert. Ich denke im Zeitpunkt nur an Fritz und kann mir nicht vorstellen, dass er meine Telefonanrufe nicht mehr entgegennimmt. Wahrscheinlich können oder wollen wir nur mit der Zeit begreifen, dass Fritz nicht mehr am Besprechungstisch sitzt oder Emails beantwortet.

Wir haben dank Fritz viele gute, lehrreiche, aber auch unterhaltsame Momente in der täglichen Arbeit erlebt. Wir haben, dank ihm, auch immer wieder weitblickende Erkenntnisse erfahren. Wir haben Fritz hochgeschätzt als Mensch, so wie er war, und wir haben seinen breiten Wissenshorizont, seine Perspektive geschätzt. Mit Fritz verbinden uns Erinnerungen an seriöse Geschäftshandhabung, Zuverlässigkeit und Ehrlichkeit – Menschlichkeit und freundschaftliches Troubleshooting. Allen Mitarbeitern der ViennaLab und der Familie Kury spreche ich mein persönliches, herzliches Beileid aus.

Das Wichtigste im Leben
ist die **Spur der Liebe**
die wir hinterlassen wenn wir gehen!

Unendlich traurig teilen wir mit, dass unser lieber

FRITZ KURY

Vater, Sohn, Bruder, Onkel – Biochemiker, Musiker, Sportler

am Montag, 11. Mai 2009, im Alter von 48 Jahren völlig unerwartet bei seinem letzten Ruderausflug an der Alten Donau einem Herzversagen erlegen ist.

Seine stille, bescheidene und liebevolle Art, sein feinsinniger, niemals verletzender Humor, seine Geduld, seine Cleverness, sein Engagement, seine Toleranz, seine Großzügigkeit, sein Gespür für das Wichtige, seine Offenheit für Neues sowie seine Kochkünste werden uns sehr fehlen, doch stets Vorbild bleiben. Er war und bleibt für uns alle ein Geschenk!

Wir verabschieden uns in Dankbarkeit am **Dienstag, 2. Juni 2009 um 14 Uhr** am Neustifter Friedhof, Halle 2 (obere Halle) in 1180 Wien, Pötzleinsdorfer Höhe 2 und geleiten unseren lieben Verstorbenen zum Familiengrab.

Raphael und Sebastian
seine Söhne

Annemarie
seine Mutter

Andrea, Bärbl, Christin, Georg
seine Geschwister

im Namen aller die ihm nahe standen.

Statt Blumen ersuchen wir in seinem Sinn durch Spenden ein **Schulprojekt in Burkina Faso** zu unterstützen.
Konto: 74509500000, BLZ: 46590, Volksbank Aichfeld-Murboden
http://sababu.snooop.org

Annemarie mit Fritz, 2005

Elisabeth Fontner – die Übermittlerin

Ohne sie wäre dieses Buch nicht entstanden. Elisabeth Fontner, die außergewöhnliche mentale Fähigkeiten besitzt, ist die „Sekretärin" der Verstorbenen. Sie hat die Gabe, mit „Menschen", die den irdischen Weg hinter sich haben, Kontakt aufzunehmen. Diese berichten von ihren Erlebnissen und Erfahrungen von DRÜBEN und Frau Fontner schreibt Briefe nach dem Diktat der Verstorbenen für die noch lebenden Angehörigen. Sie bringt genau die Worte und Sätze zu Papier, die an sie durchgegeben werden. Für die Menschen, die zu ihr kommen, ist es ein Herzensanliegen, noch einmal Kontakt mit nahestehenden Verwandten aufzunehmen, um zu erfahren: Wie geht es ihm/ihr da DRÜBEN?

Elisabeth Fontner, die die Botschaften von Fritz empfängt und niederschreibt, wurde 1947 in Wien geboren. Ihre mentalen Fähigkeiten hatten sich schon in ihrer Kindheit herauskristallisiert, blieben jedoch ein Geheimnis zwischen ihr und ihrer Mutter. Im Alter von 40 Jahren entschloss sie sich, ihre eigentliche Berufung zu ihrem Beruf zu machen. Seither arbeitet sie mit und für die Menschen und für die Verstorbenen. Ihr ist es ein Anliegen, die Menschen, die zu ihr kommen, in Kontakt mit ihren Lieben zu bringen, die nicht mehr auf der Erde weilen. Oft gelingt es ihr dadurch auch, den Lebenden die Angst vor dem Sterben und dem Tod zu nehmen und ihnen eine andere Denkweise aufzuzeigen. Elisabeth Fontner lebt und arbeitet in Wien.

Nach Monaten der Verzweiflung und der Trauer über

den Verlust ihres Sohnes kam es für Annemarie Kury vor ziemlich genau neun Jahren zu der schicksalshaften Begegnung mit Elisabeth Fontner und im Anschluss daran zur ersten Botschaft von Fritz. Die Verbindung zwischen der Mutter und ihrem 2009 verstorbenen Sohn hat sich seither vertieft und ist heute aus dem Leben von Annemarie nicht mehr wegzudenken.

Ein großer Dank sei an dieser Stelle ausgesprochen an Ilse Kussian-Pink für das Schreiben des Typoskripts und ihre tatkräftige Begleitung bei der Entstehung dieses Buches.

(Herausgeber)

FSC

www.fsc.org

MIX

Papier aus ver-
antwortungsvollen
Quellen

Paper from
responsible sources

FSC® C105338